Vorwort

Verspürst du auch dieses Kribbeln im Bauch und erfasst dich eine enorme Faszination, wenn du dich mit Drachen beschäftigst? So ergeht es mir schon seit Kindertagen jedes Mal, wenn ich irgendwo etwas erblicke, das auch nur entfernt mit Drachen zu tun hat. Es ist wie ein innerer Sog, der mich zu ihnen hinzieht. Wenn ich an Drachen denke, ist es, als ob ein Feuer in mir zu brennen beginnt, und doch wusste ich lange Zeit nicht, was es damit auf sich hatte.

Einige Jahre nachdem ich bereits als spirituelle Künstlerin meine Berufung gefunden hatte und auch schon länger von anderen Lichtwesen in meinem Wirken inspiriert wurde, gab es einen Moment, in dem ich die Drachenenergie in mir plötzlich so intensiv spürte, dass ich davon völlig überwältigt war. Die Drachen teilten mir mit, dass es jetzt an der Zeit wäre, den Menschen die Drachenkraft-Energien näherzubringen. Dass diese licht- und kraftvollen Energien nur darauf warten würden, uns Menschen in unserer Entwicklung zu unterstützen.

Also machte ich mich ans Werk, mehr als gespannt darauf, was aus den intuitiven Impulsen heraus entstehen wollte.

Und obwohl meine Arbeit mich wirklich immer sehr erfüllt, war ich dieses Mal erstaunt, dass es noch intensiver und berührender wurde als je zuvor. Verbunden mit dem Drachenbewusstsein ließ ich einfach das durch mich hindurchfließen, was entstehen wollte. Und als Mittler dieser Energien bin auch ich jedes Mal aufs Tiefste von den Texten und Kunstwerken berührt, die dabei entstehen.

Ich bin unendlich dankbar dafür, dass ich die Energien so offen empfangen durfte, dankbar für diese wertvolle Schöpfung, die ich nun auch voller Freude in DEIN HERZ legen darf. Öffne dein ganzes Sein, und lasse dich vertrauensvoll auf diese Energien ein. Ich wünsche dir von ganzem Herzen, dass du den Ruf der Drachen vernimmst und die Erinnerungen an dein wahres Sein, die die Drachen dir schenken, jetzt in dir erwachen.

Alles, was du in diesem Kartenset findest, ist eine Erinnerung an dich selbst, und es ist kein Zufall, dass es gerade JETZT zu DIR kommt! Erinnere dich – und reaktiviere so die reine schöpferische Kraft in dir!

In Verbundenheit & Liebe

Shayana

Die Drachen heissen dich willkommen

»Geliebte Freundin, geliebter Freund,

wir, die Wesen des Drachenbewusstseins, möchten dich willkommen heißen in unserer Energie, die dich in diesem Augenblick berührt.

Wir leben in einer anderen Erfahrungswelt, in einer anderen Dimension als du, und doch haben wir gemeinsame Berührungspunkte, denn unser aller Seelen entstammen demselben Ursprung, der Quelle allen Seins. Wir Drachen sind bewusste Schöpfer und leben in einer prächtigen, farbenfrohen und üppigen Welt. Wir sind außerdem Reisende durch die Dimensionen, und wir sind Begleiter für andere Wesen, die wir durch unser Drachenfeuer daran erinnern, wer sie sind. Auf der Seelenebene kennen wir viele von euch – ja, AUCH DICH – schon sehr lange.

Wir haben gemeinsam schon viele Abenteuer erlebt – in anderen Leben, zu anderen Zeiten und in den unterschiedlichsten Welten.

Du mutiges Wesen hast dich auf die Erde begeben, um ganz besondere Erfahrungen zu durchleben. Nicht jede

Seele wagt den Schritt auf diesen Planeten, denn hier lasst ihr eure Erinnerung daran, wer ihr wirklich seid, in der Geistigen Welt zurück. Das erfordert Mut und eine gehörige Portion Abenteuerlust, weswegen wir DICH, ja, euch alle, wahrlich bewundern.

Du lebst auf einem einzigartigen und wunderbaren Planeten, der dir eine unglaublich große Vielfalt an Möglichkeiten bietet, dein Leben zu erschaffen. So können verschiedene Erdenbewohner zur selben Zeit die unterschiedlichsten Lebensszenarien erfahren. Es gibt nur sehr wenige Planeten, die dir dies bieten können. Und auch wenn du manchmal das Gefühl hast, am falschen Platz zu sein, sei dir gewiss, dass absolut alles dem Plan deiner Seele entspricht. Hadere nicht mit einem sogenannten unabwendbaren Schicksal.

Du bist, wie alle anderen Wesen auch, eine selbstverantwortliche Schöpferin, ein selbstverantwortlicher Schöpfer deines Lebens. Diese Kraft wurde dir von der Quelle allen Seins verliehen.

Welche große Chance sich dahinter verbirgt, möchten wir dir mit den Drachenkraft-Energien übermitteln. Es ist kein Zufall, dass du dies hier im Augenblick liest. Es hat einen Grund, denn tief in deinem Inneren möchtest du dich jetzt erinnern! Nur darum ist es dir überhaupt möglich, diese Zeilen zu lesen und die Energien in dir wirken zu lassen. Die Zeit ist reif, dass du dich daran erinnerst, welche wundervollen Kräfte in dir schlummern.

Die Zeiten der Abhängigkeiten weichen denen der Freiheit, in denen du die Welt mit ganz anderen Augen sehen und mit erschaffen wirst.

Wir freuen uns darauf, an deiner Seite zu stehen, dir immer, wenn es nötig ist, die Weisheit deiner Seele ins Gedächtnis zu rufen und mit erleben zu dürfen, wie sich dein Wesen und dein Sein öffnet und sich entsinnt, was es bedeutet, das Leben selbstbewusst zu gestalten.

Eine neue Phase bricht an, in der du deine Seelenflügel öffnest und gemeinsam mit uns neue, freie Welten erschaffst. Unsere Freude und unsere Liebe für euch alle ist grenzenlos!«

Anwendungsmöglichkeiten der Karten

Mit diesem Kartenset hältst du ein wertvolles Energiewerkzeug in Händen, das dich daran erinnert, welch ein kraftvolles, schöpferisches Wesen du bist!
Jede Karte, die du ziehst, beinhaltet ein hoch schwingendes Bildportal, ein Kunstwerk, das die Schwingung der jeweiligen Drachenkraft-Energie zum Ausdruck bringt.
Wenn du dich mit deinen Karten beschäftigst, kannst du einerseits die Affirmation und die weiterführende Botschaft zum jeweiligen Thema lesen und damit arbeiten, andererseits kommst du jedoch auch zusätzlich mit Energien in Kontakt, die dich bei deinem aktuellen Anliegen bestmöglich unterstützen und im Innersten deines Seins berühren.

Begrüße deine neuen Karten

Sei dir gewiss, dass du mit diesem Kartenset einen kostbaren Schatz bekommen hast, der dir helfen möchte, dein Leben befreiter und glücklicher zu gestalten. Sieh es als ein Geschenk der Geistigen Welt, der Quelle allen Seins an dich, überbracht von unseren kraftvollen Drachenfreunden, um dich an dein wunderbares Sein zu erinnern.

Gehe mit deinem Kartenset wertschätzend um, und sei dir bewusst, dass viel Liebe, Energie und Arbeit darin stecken, die nur dafür da sind, DIR zu dienen.

Bevor du das erste Mal mit den Karten arbeitest, begrüße sie in deinem Leben. Bedanke dich dafür, dass sie dir zur Verfügung stehen und dir wertvolle Impulse geben möchten.

Wie du die Karten für dich nutzen kannst

Bevor du eine oder mehrere Karten ziehst, nimm dir etwas Zeit, um dich auf die Legung einzustimmen. Atme ein paarmal tief ein und aus, und konzentriere dich auf deinen Herzensraum. Begrüße deine Freunde aus dem Drachenbewusstsein, und bitte um klare und eindeutige Impulse, die dir in deinem aktuellen Leben weiterhelfen.

Stelle dann im Geiste deine Frage – entweder zu einem bestimmten Thema oder dein Leben im Allgemeinen betreffend. Erspüre intuitiv, ob dafür eine Karte ausreicht oder ob du mehrere ziehen sollst. Die Anzahl von drei Karten eignet sich besonders, da diese einen guten Überblick für ein Thema geben kann. Dies ist aber nur eine Empfehlung. Wichtig dabei ist, welche Anzahl sich für DICH stimmig anfühlt!

Mische als Nächstes deine Karten. Achte darauf, dass die Rückseiten der Karten nach oben zeigen. Wenn dir bereits beim Mischen eine oder mehrere Karten aus der Hand fallen, lege sie zur Seite, und ziehe sie später zur Beantwortung deiner Frage hinzu, denn eine Karte fällt niemals nur zufällig heraus!
Konzentriere dich weiterhin auf deine Frage, und ziehe dann eine oder mehrere Karten. Breite sie dazu entweder auf dem Tisch oder in der Hand als Fächer aus, oder greife einfach in den Stapel hinein. Du kannst nichts falsch machen. Vertraue auch hier deiner Intuition, und lasse dich überraschen, welcher Impuls sich dir gerade zeigen möchte.
In diesem Kartenset gibt es auch eine JA- und eine NEIN-Karte. Diese beiden Karten kannst du bei Bedarf heraussuchen und dann verdeckt eine von beiden ziehen, um eine besonders klare Antwort auf deine aktuelle Frage zu finden. Lies dazu aber bitte auch unbedingt die weiterführende Botschaft hier in diesem Begleitbüchlein!

Die Botschaften deiner Karten

Du hast nun die für dich aktuell passende(n) Karte(n) gezogen. Schaue dir eine nach der anderen an, und lasse sie erst einmal auf dich wirken. Die Titel der Karten werden in dir bereits innere Bilder und Erkenntnisse hervorbringen. Spüre nun tiefer hinein, indem du dir die Affirmation auf der Karte durchliest und sie dir innerlich ein paarmal vorsagst.

Betrachte nun das Kartenmotiv. Lasse die Drachenkraft-Energie dich in deinem Herzen und in deiner Seele berühren. Die Energie kann sich in ganz unterschiedlicher Art und Weise in dir zeigen. Bleibe offen und vertrauensvoll.

Lies dann die weiterführenden Botschaften aus diesem Begleitbuch zu den von dir gezogenen Themen.

Auch wenn Drachen Wesen anderer Dimensionen sind, so ist es ihnen doch wichtig, dass die Botschaften für dich einfach verständlich und alltagsnah sind. Du bist bereit, jetzt in deine Kraft zu kommen, und dafür benötigst du klare und eindeutige Informationen und Botschaften.

Lege die gezogenen Karten im Anschluss nicht einfach wieder weg, sondern lasse sie als Erinnerung noch in deiner Nähe. Stelle sie dort auf, wo du sie gut im Blick hast, und betrachte sie regelmäßig. Sprich dabei die Affirmation innerlich oder auch laut aus, und beobachte, wie es sich anfühlt. Gehe in deiner Vorstellung in den Zustand, den die von dir gezogene Karte repräsentiert. Wenn du möchtest, kannst du das Kartenmotiv auch mit in deine Meditationen nehmen. Bitte deine Drachenbegleiter darum, dass dich die mit diesem Bild verbundenen Energien erfüllen, intensiv begleiten und unterstützen mögen. Die Energien stammen aus dem Drachenbewusstsein, von den Drachenwesen selbst, die uns mit all ihrer Liebe wieder mit den Schöpferkräften vertraut machen möchten.

Die Drachen wissen um die kraftvolle Magie, die sich in uns befindet und dürfen uns jetzt wieder mit ihr in Berührung bringen. Alles Wissen und alle Macht sind bereits in uns. Wir dürfen jetzt die Erinnerung daran wieder wachrufen, um uns zu befreien und unser Leben damit zu bereichern.

Ich kann dir auch wärmstens die Kompositionen des Musikers Thomas Bergersen empfehlen, mit denen du dich wunderbar in die Energie der Drachen einstimmen kannst. Seine Musik hat mich während der Entstehung dieses Kartensets begleitet.

Kartenbotschaften

Absicht

Ich sende meine klare,
zweifelsfreie Absicht
hinaus ins Universum.

Energie-Impuls zu dieser Karte

Weißt du, wie Schöpfung geschieht? Ein sich seiner selbst bewusstes Wesen sendet seine zweifelsfreie Absicht hinaus ins Universum. Es formuliert in seinem Inneren ein Ziel, das es bereits mit allen Sinnen greifen kann. Es weiß, dass sich die Energien des allumfassenden Universums darauf ausrichten werden, seine Schöpfung in die Realität zu bringen. Alle verfügbaren Kräfte setzen sich in Bewegung, damit Menschen, Situationen und Begebenheiten an den Ort gelangen, der für die Manifestation dieser Absicht vorgesehen ist.

Deine Absicht ist machtvoll, werde dir dessen bewusst. Übe dich darin, diese Macht wieder neu kennenzulernen! Du kannst mit etwas Kleinem anfangen. Lasse zum

Beispiel Dinge, die du vielleicht schon lange suchst, endlich den Weg zu dir finden, oder höre endlich auf, zu denken, viele Aufgaben gleichzeitig erledigen zu müssen. Es gibt keinen Grund, in Stress zu verfallen, denn Zeit ist ein Konstrukt, das du beeinflussen kannst! Formuliere, was du in einem bestimmten Zeitraum schaffen möchtest. Verlange es, oder bitte darum – mache es so, wie es sich für dich am besten anfühlt. Entscheide, was bis zu welchem Zeitpunkt erledigt sein soll. Beginne mit kleinen Aufgaben, und du wirst staunen, wie leicht du die Zeit auf einmal einhalten kannst. Achte immer darauf, aus deiner Seele heraus zu handeln. Wenn du das tust, weißt du, dass die Energien um dich herum sich darum kümmern werden, deine Absicht real werden zu lassen.

Geliebte Freundin, geliebter Freund, das zu manifestieren, was deiner Absicht entspricht, ist nicht schwer. Generell sind spirituelle Wahrheiten von Einfachheit geprägt. Je komplizierter etwas ist, desto wahrscheinlicher ist es, dass es vom Verstand des Menschen erschaffen wurde.

Also: Begib dich in deine Mitte, erwäge deine klare Absicht, und bringe sie zum Ausdruck. Wisse, dass sich dann alle Energien auf den Weg machen werden, um dir zu dienen.

ACHTSAMKEIT

Ich blicke achtsam auf mein Leben und auf alles, was sich darin befindet.

Energie-Impuls zu dieser Karte

Achtsamkeit ist eine Kraft, die es dir ermöglicht, ein glücklicheres Leben zu führen. Bringe sie wieder vermehrt in deinen Alltag.

Verführt von den vielen alltäglichen Ablenkungen und den unzähligen Anforderungen, die auf dich warten, hast du verlernt, achtsam mit dir selbst, anderen Menschen und den Situationen deines Lebens umzugehen.

Oftmals steckt in der Einfachheit größere Kraft als in einer großen Handlung. Wenn du achtsam bist, kommst du zurück in deine Mitte – dann erlaubst du dir wieder einen unverfälschten Blick auf die Dinge, die in deinem Leben geschehen.

Achtsam mit dir selbst umzugehen, bedeutet, in dein Herz zu blicken und zuzuhören, was es dir gerade sagen möchte. Du schaust hin, ohne es bewerten oder verändern zu wollen. Es IST einfach, und es ist EINFACH. Ebenso verhält es sich, wenn du anderen Menschen achtsam begegnest. Du nimmst die anderen einfach so wahr, wie sie sind, und versuchst nicht, sie zu verändern. Du hörst aufmerksam zu und schenkst ihnen den Respekt, den sie verdienen. Auch du selbst verdienst den Respekt, so sein zu dürfen, wie du bist.

Du bewertest in diesem Moment weder deine eigene Handlung noch die der anderen. Du lässt SEIN, was gerade IST. Damit löst du dich von dem Drang, ständig etwas verändern zu wollen, damit es in eine bestimmte Schublade deines Weltbildes passt. Alles, was jetzt gerade IST, hat seine Berechtigung, sonst wäre es nicht da. Sei achtsam mit dir und anderen. Fange bereits morgens damit an, indem du den Tag ganz bewusst beginnst. Erinnere dich auch tagsüber immer wieder daran, achtsamer zu sein, und beschließe den Tag mit einigen Minuten der Besinnung. Du wirst dadurch ruhiger und konzentrierter und siehst einige Dinge aus einem anderen Blickwinkel. Dadurch erhältst du wertvolle Impulse für dein Leben.

Begeisterung

Durch meine Begeisterung setze ich starke schöpferische Kräfte in Gang.

Energie-Impuls zu dieser Karte

Kannst du dich an Momente in deiner Kindheit erinnern, in denen du dich voller Begeisterung einem Spiel oder einer neuen Sache gewidmet hast?

Spüre wieder das Gefühl, das du dabei hattest, den großen Wissensdurst, die Abenteuerlust und vor allem die ungeheure Freude.

Eine solche Begeisterungskraft reißt alles mit sich. Sie ist kaum aufzuhalten, da sie die Dinge und Situationen im wahrsten Sinne des Wortes mit starker schöpferischer Energie bereichert: Man »be-geist-ert« etwas, man haucht ihm mittels der eigenen Schöpferkräfte Leben ein.

Wenn es etwas in deinem Leben gibt, was du dir schon lange wünschst – wenn du etwas schon immer machen oder erreichen wolltest –, dann erinnert dich diese Karte jetzt daran, die Kraft der Begeisterung dafür einzusetzen.

Mache keine halben Sachen. Etwas, was nur so »nebenher« läuft, wird niemals die Stärke entwickeln, die es braucht, um sich wirklich in deinem Leben zu manifestieren. Es wird eher wie eine verkümmerte Pflanze mit nur wenigen kleinen Blättern sein, die zwar am Leben gehalten wird, sich aber nicht in aller Schönheit entfalten kann.

Deine Ideen und Schöpfungen brauchen Energie. DEINE Energie und DEINE Schöpferkraft. Dein Einsatz ist gefragt! Wenn es dir mit einem Vorhaben ernst ist, dann lege all deine Begeisterung und dein Herzblut in das Projekt! Dadurch erfüllst du es, und es kann wachsen, gedeihen und zu einem kraftvollen Meisterstück werden.

Manche Schöpfungen brauchen mehr Energie als andere. Also werde nicht ungeduldig, wenn es etwas länger dauert. Solange es sich für dich im Herzen richtig anfühlt, versorge deine Schöpfung mit Energie, und du wirst eines Tages mit Sicherheit ernten, was du gesät hast.

BESTIMMUNG

Ich bin dazu bestimmt,
mit Freude die unter-
schiedlichsten Lebens-
erfahrungen zu machen.

Energie-Impuls zu dieser Karte

Sicherlich hast du dich schon oft gefragt, was deine Bestimmung ist.

Suche nicht zu weit. Mache es nicht zu kompliziert. In erster Linie bist du hier, um Erfahrungen zu sammeln. Deine Seele möchte sich entdecken, möchte unterschiedliche Situationen erleben – in aller Intensität. Die Erde eignet sich dafür sehr gut, denn sie ist ein Planet, auf dem unzählige unterschiedliche Erfahrungen möglich sind – und das sogar in ein und demselben Leben. Deine Bestimmung ist, alle Seiten des Lebens, die Energie der Liebe, der Freude, des Glücks – und ja, manchmal auch des Kummers, der Niedergeschlagenheit oder der Trauer – in all ihren Facetten zu erfahren. Es steckt eine Schönheit und Erhabenheit in all diesen Gefühlen und Energien. Wenn du erkennen kannst, dass dein Selbst, dein DU, nicht diese Gefühle SIND, sondern dass du sie nur erlebst, kannst du einen Schritt zurücktreten und alles aus einer anderen Perspektive und mit mehr Abstand betrachten. Dann kannst du für jede erdenkliche Situation Dankbarkeit und Ehrfurcht empfinden. Bedenke: Nichts ist in Stein gemeißelt. Nichts hat auf ewig Bestand. Du befindest dich im Fluss des Lebens und folgst den Strömungen deiner Schöpfungen.

Da du der Schöpfer deines Lebens bist, erinnere dich daran, dass du mit deiner bewussten Absicht, mit deinen Gedanken UND deinen Gefühlen auch immer wieder in neue Erfahrungsebenen schlüpfen kannst. Wenn du das Gefühl hast, genug von einer Energie-Erfahrung zu haben, dann erschaffe dir etwas Neues.

Wie? Übernimm die Verantwortung für dein Leben, und wähle innerlich neue Erfahrungen. Nur DU kannst dich von dem lösen, was in dir keinen Bestand mehr haben soll.

DANKBARKEIT

Ich bin dankbar und wertschätze alles, was sich in meinem Leben zeigt.

Energie-Impuls zu dieser Karte

Deine Welt ist ein Ort der Fülle und des Reichtums.

Sie ist reich an unendlich vielen Erfahrungen, die du jeden Tag aufs Neue machen kannst. Es gibt eine unglaubliche Vielzahl an unterschiedlichen Menschen, denen du begegnen, die du kennenlernen und mit denen du die gesamte Palette an Gefühlen und Abenteuern durch- bzw. erleben kannst.

Du bestimmst, worauf du jeden Tag deine Aufmerksamkeit legst. Dein Leben ist auf Wachstum ausgerichtet – in jeglicher Form. Wenn du die Dinge, Möglichkeiten, Menschen und Situationen, die sich in deinem Leben befinden, einmal genau betrachtest, kannst du überall kleine Wunder entdecken.

Vermeintlich negative Situationen beinhalten die Chance, über sich selbst hinauszuwachsen und sich weiterzuentwickeln. Überall gibt es versteckte Schätze zu entdecken, die dein Leben bereichern können. Blicke hinter die Kulissen, und werde dir all dem Reichtum bewusst, den du für selbstverständlich hältst. Öffne die Augen, und betrachte dein Leben mit einem neuen Verständnis. Sobald du anfängst, noch mehr Wertschätzung und Dankbarkeit für all das zu empfinden, was dir begegnet, wirst du wie ein Magnet immer mehr davon in dein Leben ziehen.
So wirst du mit der Zeit sogar Dankbarkeit für schwierige Situationen entwickeln, denn auch sie bringen dich weiter und schenken dir wertvolle Momente, die anders nicht möglich gewesen wären.
Wertschätze all das, denn darin liegt die wahre Kraft.

Das Leben meint es gut mit dir, in jedem Augenblick!

DRACHENFEUER

Ich lasse mich vom kraftvollen Feuer meiner Drachenfreunde durchströmen.

Energie-Impuls zu dieser Karte

Wenn du diese Karte ziehst, steht ein besonderes Geschenk für dich zur Verfügung. Wir, deine Freunde aus dem Drachenbewusstsein, möchten dich mit unserem Seelenfeuer in Berührung bringen. Unser Seelenfeuer wirkt wie ein »Powerbooster«, ein Energieschub, der dich gerade jetzt mit einer großen Portion Mut, Kraft und Liebe durchströmen möchte. Es ist ein Geschenk, das dein eigenes Feuer anfacht und alles, von dem du überzeugt bist, dass es nun nicht mehr zu dir gehört, mit sich nimmt, um es in neue Potenziale zu wandeln.

Nimm dir einige Minuten für dich, in denen du ungestört bist. Du kannst dies auch immer dann tun, wenn du das

Gefühl hast, den »Powerbooster« zu brauchen. Schließe die Augen, und entspanne dich. Begib dich innerlich zu einem Kraftort, an dem du dich sicher und geborgen fühlst. Dann nimm wahr, wie wir, deine Drachenfreunde, zu dir kommen und uns im Kreis um dich herum aufstellen. Spüre die Achtung und Anerkennung, die wir dir entgegenbringen. Ganz tief aus unserem Inneren lassen wir nun gemeinsam unsere Drachenflammen auflodern. Sie werden dich in keiner Weise verletzen, doch sie werden sich mit der Flamme in deinem Herzen verbinden. Du spürst, wie dich ein großes, warmes und nährendes Feuer umgibt, wie es durch dein ganzes Sein lodert, wie es die Seelenflamme in dir berührt und sie zum Wachsen animiert.

Nimm wahr, wie dieses Feuer durch dich hindurch, durch alle deine Körper, deinen physischen wie deine feinstofflichen, lodert und brennt. Fühle, wie du selbst strahlst und glühst, wie die starke Energie des Lebens sich in dir ausbreitet und jegliche Form von Angst, Schmerz und Gefühlen der Wert- oder Hilflosigkeit mit sich nimmt.

Atme die pure Energie des Lebens, und strahle diese auch aus. Bleibe so lange in diesem Feuer stehen, bis du vollkommen in deiner Kraft bist.

DRACHENKUSS

Ich spüre, wie der Kuss meines Drachens mich aufweckt und meine Erinnerung erwacht.

Energie-Impuls zu dieser Karte

Geliebtes Wesen, es ist Zeit, aufzuwachen!

Aufzuwachen aus einem Traum, den du bisher geträumt hast und der nicht mehr der deine ist. Wenn du dieses Energieportal, diese Karte in Händen hältst, bist du bereit, zu erkennen, wer du wirklich bist!

Oh, du unendlich geliebtes, wunderbares Wesen des Seins. Fühle, wie dein Drache, dein Drachenbegleiter sich nun an deine Seite stellt und du diesen geschätzten alten Freund begrüßt. Er kann sich an alles erinnern, was ihr schon gemeinsam in anderen Dimensionen und anderen Leben erfahren habt. Er kennt deine Seele, und er weiß um deine Schöpferkraft.

Dein Drache sieht dich mit liebevollem Blick an, und du erwiderst seinen Blick voller Vertrauen. Er haucht dir eine sanfte Energie entgegen, du siehst sie und schließt dann für einen Augenblick die Augen. Diese Energie fühlt sich an wie ein Kuss!
Der Kuss des Drachen erweckt dich aus deinem Dornröschenschlaf!
Auf deinem Gesicht prickelt es, und du spürst, wie die Energie des Drachen durch deinen ganzen Körper strömt. Du öffnest deine Augen wieder und blickst tief in die deines Drachen. Du versinkst in seinem Blick, und auf einmal steigen die Erinnerungen deiner Seele in dir auf. Du fühlst plötzlich wieder Dinge und Wahrheiten, die längst vergessen schienen. Spüre deine Schöpferkraft, und erinnere dich an die wundervollen Erlebnisse, die du und deine Seele schon in ihrem Sein erfahren haben. Du erhaschst einen Blick auf Erfahrungen, die verschüttet waren und erkennst, wer du wirklich bist.
Bleibe so lange in diesem Moment, wie es sich für dich richtig anfühlt. Nimm die Erinnerungen mit dir, die gerade jetzt für dich in deinem Leben wichtig sind. Nutze sie, und hüte sie als einen Schatz in deinem Herzen.

DRACHENLIEBE

Ich fühle, wie sich mein Herz in Liebe mit den Herzen der Drachen verbindet.

Energie-Impuls zu dieser Karte

Wir Drachen hegen eine unglaublich tiefe Liebe für euch Menschen. Wir bewundern euren unendlichen Mut, euch immer wieder Erfahrungen auszusuchen, die jenseits des Schleiers der Erinnerung liegen und euch bis an eure Grenzen bringen. Doch wisst: Genau diese Grenzerfahrungen sind es, die euch wieder in Kontakt mit eurem Seelenwissen bringen können.

Diese Liebe für euch, für DICH, möchten wir dich heute ganz intensiv spüren lassen! Nimm dir eine kurze Auszeit, in der du auftanken kannst. Richte dir einen heiligen Raum ein, einen Raum der Stille, in dem du empfangsbereit und offen bist. Nimm wahr, wie sich der Drachenfreund und Drachenbegleiter, der dir am nächsten ist, zu dir gesellt. Deine Verbindung zum Drachenbewusstsein existiert durch seine Anwesenheit und eure Verbundenheit.

Ihr steht euch gegenüber, und du atmest entspannt und tief ein und aus. Du kannst sehen, dass er dich lächelnd betrachtet, und dann nimmst du wahr, wie ein besonderes Strahlen aus seinem Brustkorb heraus und zu dir herüberfließt. Es ist wie ein kleiner Wirbelsturm aus funkelndem Licht, der immer größer wird. Auch dein Herz öffnet sich, und du beobachtest, wie sich die zwei lichtvollen Energieströme zu einer Lichtbrücke von Herz zu Herz verbinden. Spüre, wie du von reiner bedingungsloser Liebe durchflutet wirst. Alles in dir wird davon berührt, und diese köstliche und süße Energie strömt in jede einzelne Zelle deines Körpers und deines Seins.

Nach einer Weile kannst du über diese Verbindung auch die Herzen anderer Drachen wahrnehmen. Da es einen freundschaftlichen Bund zwischen euch allen gibt, strömen auch ihre Herzenergien durch deinen Drachenbegleiter in euren Energiefluss hinein.

Bleibe so lange in diesem Moment, wie du möchtest. Dann bedanke dich, und begib dich mit unendlicher Liebe angefüllt zurück in deinen Alltag.

Ehrlichkeit

Ich bin ehrlich zu mir selbst und schöpfe daraus neue Kräfte.

Energie-Impuls zu dieser Karte

Wenn du all deine dir innewohnenden Kräfte wieder in dein Leben integrieren möchtest, denke daran, dass auch Ehrlichkeit dazu. Sei ehrlich gegenüber deinen Mitmenschen. Spiele keine Rolle, um ein Ziel zu erreichen. Gib nicht vor, jemand zu sein, der du nicht bist, denn auf diese Weise wirst du niemals die Ergebnisse erzielen, die dich wirklich glücklich machen.

Auch wenn es dir anfangs unbequem erscheint, sei so, wie du wirklich bist! Teile dich deinen Mitmenschen so klar und offen wie möglich mit. Achte darauf, dass du aus deiner eigenen inneren Wahrheit heraus agierst, aus der Liebe deines Seins.

Die Zeiten, in denen du dich zurück- und manchmal sogar kleinhalten musstest, sind vorbei. Verstecke nicht länger dein wahres einzigartiges ICH! Was glaubst du, warum die Quelle allen Seins dich genau so erschaffen hat, wie du bist? Sei stolz auf dich, ehre deine Erfahrungen, dein ganzes Selbst. Du brauchst nicht erst ein Ziel zu erreichen, um geliebt zu werden. Alle Liebe des Universums steht dir jederzeit zur Verfügung.
Daher sei ehrlich zu dir selbst und zu deinem Umfeld. Mit einem zu kritischen Selbstbild und mit Anforderungen, die dir scheinbar von außen diktiert werden, in Wirklichkeit jedoch von dir selbst mit erschaffen wurden, begibst du dich in eine Abhängigkeit, die nicht notwendig ist. Sie hindert dich daran, dein ganzes Wesen zu entfalten.
Überlege dir, auf welche Art und Weise du dir jetzt selbst mehr Ehrlichkeit schenken kannst. Je ehrlicher du zu dir selbst bist, desto klarer werden deine Entscheidungen und desto deutlicher wirst du sehen, wohin dein aktueller Weg dich wirklich führt.
Sei mutig! Verurteile dich nicht für Dinge, die in der Vergangenheit geschehen sind, sondern schaue ehrlich und ohne Wertung auf dein eigenes Selbst.

EMPATHIE

Ich erweitere
meine Wahrnehmung
und entwickle dadurch
mehr Empathie.

Energie-Impuls zu dieser Karte

Als menschliches Wesen, das hier auf der Erde lebt, bist du Teil eines größeren Ganzen, denn alle Menschen sind durch die liebende Quelle allen Seins, durch die Energie, die alles zum Leben erweckt, miteinander verbunden. Diese Verbundenheit fühlst du mit den einen mehr, mit anderen weniger.

Auch wenn es dir manchmal schwerfällt, die Handlungen anderer Menschen nachzuvollziehen, erlaube dir, deine Wahrnehmung zu erweitern und dich empathisch auf andere Personen einzulassen. Auch sie sind Menschen mit Wünschen, Hoffnungen und Träumen. Vielleicht haben sie in ihren bisherigen Leben vollkommen

andere Erfahrungen gemacht als du? Vielleicht schließen sie deswegen ganz andere Schlussfolgerungen und handeln auf andere Art, als du es tun würdest.
Um Empathie für deine Mitmenschen zu entwickeln, ist es zuerst wichtig, dass du auch dir selbst gegenüber empathisch bist. Erforsche deine Gefühle, beobachte deine Handlungen, und vor allem habe Mitgefühl und Verständnis für dich selbst. Du weißt, warum du bestimmte Emotionen empfindest und auf Dinge so reagierst, wie du es tust. Akzeptiere dies, auch wenn es Mut erfordert, ehrlich zu dir selbst zu sein und dich mit all dem zu sehen, was in dir ist.
Wenn du es schaffst, dir selbst gegenüber vorurteilsfrei und mitfühlend zu sein, wird es dir leichter fallen, auch anderen diese Empathie entgegenzubringenund dich in sie hineinzufühlen. Mit etwas Übung verstehst du, dass auch sie bestimmte Gründe für ihr Verhalten haben und verurteilst andere Personen dann nicht mehr leichtfertig, sondern akzeptierst es erst einmal so, wie es gerade ist oder wie es sich verhält. Von diesem Standpunkt aus können sich dann auch neue Lösungen für herausfordernde Situationen ergeben.

ENTSCHEIDUNG

Ich entscheide mich
jetzt klar für den Weg,
der sich in meinem
Herzen richtig anfühlt.

Energie-Impuls zu dieser Karte

Wenn du ganz in deine Kraft kommen möchtest, ist es von Bedeutung, dass du lernst, dich klar und eindeutig zu entscheiden.

Natürlich gibt es viele Dinge, zwischen denen du täglich abwägen musst. Und gerade bei wichtigen und richtungsweisenden Entscheidungen in deinem Leben tust du dich manchmal schwer. Du hast Angst davor, was geschieht, wenn du die vermeintlich »falsche« Wahl triffst. Doch was wäre, wenn du wüsstest, dass es gar keine falschen Entscheidungen gibt?

Die meisten deiner Beschlüsse sind nicht unabänderlich und können im Nachhinein an deine Bedürfnisse ange-

passt werden, wenn du das Gefühl hast, dass da noch etwas fehlt und es in sich noch nicht stimmig ist.
Wenn du allerdings zu lange zwischen zwei Möglichkeiten hin- und herschwankst und keine eindeutige Wahl treffen kannst, wirst du auf der Stelle treten, und das wird zu Stillstand führen. Du blockierst dich und lässt die Zweifel dein Leben bestimmen. Das raubt dir immense Kraft, da die Energien der beiden Wahlmöglichkeiten an dir ziehen und zerren. Je länger du also eine Entscheidung hinauszögerst, desto mehr Kraft wirst du verlieren. Nimm dir daher bewusst Zeit für dich, um endlich einen eindeutigen Entschluss zu fällen. Achte darauf, dass du nicht nur aus dem Verstand heraus entscheidest. Deine Seele spricht mit dir durch dein Herz! Beziehe Verstand und Seele gleichermaßen mit ein, doch lasse am Ende dein klares Urteil aus deinem Herzen aufsteigen. Begib dich dazu gedanklich in alle relevanten Situationen, und erspüre innerlich, wie sie sich jeweils anfühlen. Die Situation, die dein Herz weit öffnet und es singen lässt, ist die richtige. Dann atme tief durch, und wähle bewusst.
Du wirst spüren, wie die Last des Zweifels von dir weicht und du gestärkt den Weg gehen kannst, den dein Herz dir weist.

ENTSPANNUNG

Ich erlaube mir,
mich jetzt vollkommen
zu entspannen und
loszulassen.

Energie-Impuls zu dieser Karte

Es gibt immer Zeiten des Wandels und des Vorwärtsschreitens, doch im Rhythmus des Lebens darf und muss es auch Phasen der Ruhe und Entspannung geben. Wie beim Wechsel von Ebbe und Flut braucht es daher auch in deinem Leben Momente des Rückzugs, nachdem du über einen längeren Zeitraum durch deinen Alltag gehetzt bist.

Der Druck in dir staut sich auf, bis du dich nahezu daran gewöhnst. Du fühlst ihn von außen, aber du machst ihn dir auch selbst. Immer schneller und besser möchtest du werden. Du hast das Gefühl, sonst nicht mithalten zu können.

Sei dir bewusst, dass du dich jederzeit von diesem Druck befreien kannst. Es gibt einen Teil von dir, der sich dagegen sträubt, weil er befürchtet, den »Anschluss« zu verlieren. Doch dieser Teil handelt aus Angst. Das bedeutet, dass er nicht im Einklang mit deiner Seele ist. Deine Seele weiß, dass nur die Handlungen, die aus Liebe und Begeisterung entstanden sind, wirklich guttun und deinen Seelenweg markieren.

Erlaube dir daher jetzt, dir den Druck zu nehmen. Das kann niemand für dich tun, es liegt in deiner Verantwortung. Wenn du bereits bei dem Gedanken an Entspannung spürst, wie dein Körper tief durchatmet, ist es Zeit, ihm diese auch zu gönnen.

Jeder kommt anders zu Ruhe, daher horche genau in dich hinein, und frage dich, wie du dich jetzt gerade am besten entspannen könntest. Lasse keine Ausreden deines ängstlichen Anteils gelten, z. B. dass du dir das gerade nicht leisten kannst. Du kannst!

Doch DU musst dich dafür entscheiden! Es gibt über den Tag verteilt immer Zeitfenster, die du als kleine Inseln der Entspannung nutzen kannst. Und vielleicht gibt es auch die Möglichkeit, für längere Zeit zur Ruhe zu kommen. Suche diese, und setze sie um – JETZT!

ERDENKRAFT

Ich verbinde mich intensiv mit Mutter Erde und werde durch ihre Kraft unterstützt.

Energie-Impuls zu dieser Karte

Wenn diese Karte zu dir kommt, sieh sie als Hinweis an, dich mit den Kräften von Mutter Erde zu verbinden. Du hast dir diesen wunderbaren Planeten mit seiner unglaublich starken und liebenden Energie ausgesucht, um deine jetzigen Erfahrungen machen zu können. Die Erde selbst ist ein Wesen, das über ein Bewusstsein verfügt und zu jeder Zeit in Wechselwirkung mit seinen Bewohnern steht. Auch mit den Menschen ist sie aufs Tiefste verbunden. Vergiss das nicht! In dieser Welt, die sich in technischen Bereichen sehr schnell weiterentwickelt, ist es besonders wichtig, dass du deine Energien in Balance hältst.

Im täglichen Leben gibt es Situationen, die dir viel Kraft abverlangen und deine Energien beanspruchen. Wenn du das Gefühl hast, dass du an Stärke verlierst, erkenne dies als Zeichen dafür, dass du dich mehr erden und mit Mutter Erde verbinden solltest. Sie ist immer für dich da, um dich mit kraftvollen Energien zu erfüllen und dir einen festen Stand im Leben zu ermöglichen.

Begib dich in die Natur, finde deine ganz persönlichen Orte der Kraft, die dir Ruhe und Frieden vermitteln. Nimm Kontakt zur Erde auf – ob du dich dafür auf den Boden legst, dich an einen Baum lehnst oder zum Beispiel deine Füße ins Wasser hältst, ist dir überlassen. Folge deinen intuitiven Impulsen. Öffne dein Herz für die Natur, die Erde, und lasse dich von ihrer Energie durchströmen. Lasse Ängste und Sorgen einfach los, indem du sie ausatmest und zurück ins Universum gibst. Nimm dafür lichtvolle und kräftigende Energien der Natur in dich auf, atme sie in deinen ganzen Körper hinein, bis du dich angefüllt fühlst mit der Kraft, die gleichzeitig die deine ist. Vergiss anschließend nicht, dich für diese Energiespende zu bedanken.

Mache dies, sooft du dich danach sehnst. Wisse: Du nimmst niemandem etwas weg. Die reichen Energien der Natur stehen dir unbegrenzt zur Verfügung.

Fokus

Ich richte den Fokus meiner Aufmerksamkeit auf Gesundheit, Liebe, Erfüllung und Freude.

Energie-Impuls zu dieser Karte

Stelle dir vor, dass das Universum, in dem du lebst, ein riesiger Raum ist, angefüllt mit unendlich vielen unterschiedlichen Energien. Dieses Universum funktioniert nach dem Motto »Gleich und Gleich gesellt sich gern«. Das bedeutet, dass ähnliche Energien immer versuchen werden, sich zu finden und zu verbinden. Sie möchten miteinander in Kontakt treten, um gemeinsam Neues zu erschaffen und noch stärker und größer zu werden. Das Gefühl der Einheit zieht sie gegenseitig an.

Wenn du, als Schöpfer deines Lebens, nun ständig auf das fokussierst bist, was du in deinem Leben NICHT möchtest, wirst du im Grunde immer wieder das an-

ziehen, was du NICHT willst. Deine Ängste, Zweifel und schweren Gedanken ziehen hinaus ins Universum, um sich zu verbinden, um ähnliche Energien anzuziehen und sie dem Empfänger, also DIR, wieder zurückzubringen.
Überlege dir einmal genau, worauf du dich täglich konzentrierst. Sind es Dinge, die dich glücklich und fröhlich machen? Oder sind es Umstände, die dich traurig stimmen, die dich stressen und dein Herz schwer werden lassen? Werde dir bewusst, dass du in jedem Augenblick die Möglichkeit hast, deinen Fokus zu verändern und dir viel angenehmere und leichtere Umstände zu erschaffen.
Das Universum wertet nicht. Es bringt dir die Energien, die du angefordert hast!
Also, welche Wahl triffst du heute?
Wenn du Dankbarkeit, Glück, Herzlichkeit und Freude aussendest, was wirst du wohl im Gegenzug erhalten? Auch wenn es gerade schwer sein sollte … richte deinen Fokus immer auf das, was in deinem Leben heil und von Fülle und Glück umgeben ist. Dann werden sich deine Umstände mit der Zeit verbessern, und es werden immer mehr positive Dinge in dein Leben treten.

FREIHEIT

Ich befreie mich selbst von meinen einschränkenden Gedanken und Gefühlen.

Energie-Impuls zu dieser Karte

Wenn du dich in deinem tiefsten Inneren nach grenzenloser Freiheit sehnst ... Wenn du bei dem Gedanken daran, jederzeit frei entscheiden zu können, ein Jauchzen in deinem Herzen vernimmst, dann ist es Zeit, dass du deine inneren Grenzen lockerst und die von dir erschaffenen Mauern einreißt.

Ja, du hast richtig gelesen: die von DIR erschaffenen Mauern! Denn das, was dir manchmal wie ein Gefängnis vorkommt, ist in Wirklichkeit ein Ort, an dem du selbst deine vermeintlich »verrückten« Gedanken und Gefühle versteckst, damit sie sich nicht den Weg in deine äußere Welt bahnen.

Du hast Angst davor, dass sie dich in Schwierigkeiten bringen könnten, und die scheinbare Sicherheit deines Lebens dadurch ins Wanken gerät. Dabei hast du dir diese »Sicherheit« doch so mühsam aufgebaut, nicht wahr? Also weg mit diesen Gedanken und Gefühlen an einen Ort, den du vor dir selbst versteckst ...
Aus diesem Grund hast du das Gefängnis um dich herum gebaut: um sicher zu sein, nicht noch mehr verletzt zu werden und um Gefahren schon im Vorfeld abzuwehren.
Doch geliebte Freundin, geliebter Freund, diese Gefühle IN DIR gehören zu dir, zu deinem ganz eigenen SEIN! Sie machen dich aus, sie formen dich und helfen dir, dich weiterzuentwickeln. Deshalb bist du hier.
Niemand kann diese Mauern für dich einreißen, das kannst nur DU SELBST! Gehe in dein Innerstes, sieh die Mauern, und reiße sie ein! Fühle, wie sich dein wunderbares Selbst nach und nach wieder entfaltet, wie ein Schmetterling, der aus seinem Kokon schlüpft.
Befreie dich – es ist Zeit!

Wisse: Du bist jederzeit durch die Liebe deiner Seele geschützt!

FRIEDEN

Ich erschaffe jetzt Frieden in mir selbst und lasse diesen auch in die Welt hinausfließen.

Energie-Impuls zu dieser Karte

Schon ein einziger friedlicher, liebevoller Gedanke hat enorme Ausstrahlungskraft.

Genauso wie bei einer kleinen Blume, die durch den Asphalt bricht, steckt dahinter eine ungeheure Energie. Eine Kraft, die sich ausbreiten und unglaubliche Wendungen mit sich bringen kann.

Wenn du das Gefühl hast, dass es in der Welt und um dich herum nur so vor aggressiver Energie brodelt, dass es Auseinandersetzungen gibt, die dich aus dem Gleichgewicht bringen, dann halte inne.

Du musst dich von dieser Energie nicht anstecken und zu unüberlegten Handlungen und Worten hinreißen lassen. Du hast jederzeit die Wahl, in dir, in deinem Herzen, die Energie des Friedens zu aktiveren.

Frieden ist eine stille, aber intensive Kraft. Sie wird ohne großen Aufwand hervorgebracht und aus der Ruhe geboren, der du dich jederzeit zuwenden kannst. Entscheide dich für Frieden in dir. Entscheide dich für friedliches Handeln, gleich, worum es geht.

Es gibt Momente, in denen nur Frieden eine Lösung bringen kann. Friedlich zu sein, bedeutet nicht, nicht für seine Überzeugungen einzustehen. Es bedeutet nur, erst einmal innezuhalten und sich ohne Gewalt dem Fluss des Lebens hinzugeben. Du musst nicht alles kontrollieren. Das Leben selbst wird Auswege finden, sobald der Boden dafür geschaffen wurde.

Atme tief durch, und finde den Ort des Friedens in deinem Herzen.

Beruhige dein Sein, strahle den Frieden nach außen aus, und warte ab, was geschieht.

Niemand kann dich angreifen, wenn du im Frieden bist. Dein Gegenüber findet dann keinen Mitstreiter, und ohne ihn wird ihm ein solches Spiel nicht sehr lange Spaß machen.

FÜLLE

Das Universum hält einen immerwährenden Strom der Fülle für mich bereit.

Energie-Impuls zu dieser Karte

Fülle in allen nur erdenklichen Lebenslagen steht dir zur Verfügung, sobald du sie dir selbst zugestehst. Verurteile dich nicht, wenn du derzeit in manchen Bereichen einen Mangel erlebst. Dies bedeutet lediglich, dass es in dir noch Anteile gibt, die davon überzeugt sind, dass du Fülle und Reichtum nicht verdienst. Wenn du dich dafür verurteilst, wirst du nur noch tiefer in den Sog des Mangels hineingeraten.

Daher habe Verständnis für dich, wenn du dir bisher unbewusst schwere Zeiten erschaffen hast, und fange an, dir selbst Liebe und Mitgefühl zu schenken.

Das Universum hält einen immerwährenden Strom der Fülle für dich bereit – sobald DU bereit bist! Fülle bedeutet Liebe, Lachen, Freiheit, Spaß, Unabhängigkeit und Frieden. Fülle bedeutet, dass du voller Liebe auf die Welt und die Menschen blickst und die Schönheit, die Vielfalt und die Einzigartigkeit darin und in ihnen entdeckst. Es ist Fülle, wenn du in den Spiegel siehst und darin ein Wesen erblickst, das es wert ist, geliebt zu sein und das die wunderbarsten Dinge auf dieser Welt entdecken darf. Die Fülle beginnt dann, sich verstärkt ihren Weg zu dir zu bahnen, wenn du deine Aufmerksamkeit auf sie lenkst. Das kann der Reichtum dieser Welt sein, den du ohne Missgunst und Neid erkennst. Das können all die wunderbaren Anteile deines Selbst sein, die du wahrnimmst und wertschätzt.
Und eines Tages wirst du verstehen, dass sich IN DIR ein Magnet für die Fülle befindet, der all das, was du dir wünschst, anzieht und in dein Leben bringt.
Dann wird dir bewusst, dass dieser Magnet nichts anderes ist als dein bedingungslos liebendes Herz!

GEDULD

Ich habe Geduld und weiß,
dass alles zur rechten Zeit
in mein Leben tritt.

Energie-Impuls zu dieser Karte

Eine der stilleren Kräfte ist die Geduld. Still deshalb, weil sie nicht mit wehenden Fahnen durch dein Leben rauscht, sondern im Stillen ihre größte Kraft entfaltet.
Denn es ist so: Ungeduld breitet sich immer dann aus, wenn du zu wenig Vertrauen in den Fluss deines eigenen Lebens hast. Immer dann, wenn dein Verstand sich einmischt und die Dinge gern sofort ins Rollen brächte, weil du Angst hast, sonst etwas zu verpassen oder zu vergessen.
Wie du siehst, ist – wie so oft – auch hier die Angst ein schlechter Ratgeber. Geduld wächst aus Vertrauen und Liebe. Wenn du Geduld entwickelst, weißt du inner-

lich einfach, dass du als Schöpfer die Verantwortung für dein Sein und alles hast, was sich darin befindet. Du bist dir dessen bewusst, dass du mit der Liebe der Quelle allen Seins immer sicher und geborgen bist. Warum also Ängsten und Sorgen einen Platz geben?
Du kannst dich innerlich auf das ausrichten, was dir erstrebenswert erscheint, auf das, was dich erfüllt und zum Lächeln und Strahlen bringt. Beschäftige dich mit all dem, was sich in deinem Herzen gut anfühlt. Lasse alles andere außer Acht.
Und dann erlaube dem Universum, zu wirken. Es kann manchmal eine Weile dauern, bis sich alles fügt.
Doch wisse: Alles wird genau zum richtigen Zeitpunkt bei dir sein. Andernfalls wäre es schlicht und einfach nicht der richtige Zeitpunkt. Du hast dein eigenes Tempo und dein eigenes einzigartiges Leben.
Daher entspanne dich! Vertraue jetzt dem Fluss deines Lebens. Sei geduldig, und freue dich auf all das, was in der Zukunft noch kommen mag. Es warten wunderbare Überraschungen auf dich, versprochen!

GELASSENHEIT

Ich nehme einen tiefen Atemzug und übe mich in Gelassenheit.

Energie-Impuls zu dieser Karte

Kennst du das Sprichwort »In der Ruhe liegt die Kraft«? Diese wahren und weisen Worte wollen wir dir heute besonders ans Herz legen. Denn in Hektik zu verfallen oder dich über Umstände, Dinge und Menschen in deinem Leben zu sehr zu ärgern, bringt dich nicht weiter.

Wenn du fühlst, dass Hektik, Ärger oder Wut in dir aufkommen, schaue dir diese Empfindungen an. Nimm sie zur Kenntnis, und lasse sie für einen Moment zu, damit du die Anspannung in dir loslassen kannst.

Da es für dich und dein Umfeld nicht förderlich wäre, wenn du länger in dieser Energie verweilst, nimm nach einer Weile mehrere tiefe Atemzüge, und komme zurück

in deine Mitte. Übe dich in Gelassenheit. Aber Achtung: Verwechsle Gelassenheit nicht mit dem Herunterschlucken oder Verdrängen von Gefühlen oder Emotionen.
Wenn du dich dafür entscheidest, eine gelassene Haltung einzunehmen, wechselst du im Grunde nur in eine Beobachterposition, in der du nicht mehr bewertest. Du hast oftmals nicht alle notwendigen Informationen oder die nötige Perspektive, um eine Situation bezüglich ihres Sinns bewerten zu können. Du weißt nicht, ob in dem gerade Erlebten nicht doch ein Geschenk versteckt sein mag. Fakt ist, dass du dort, wo du gerade bist, mit dem, was du gerade erfährst, genau richtig bist – sonst wärst du nicht dort. Vertraue dem Augenblick. Wenn es etwas gibt, was du aktuell verändern kannst, damit eine Situation oder Sache für dich angenehmer wird, dann tue es. Wenn es offenkundig nichts gibt, atme bewusst, und bleibe gelassen. Lasse die Situation sich entwickeln, und die Lösung wird von alleine kommen. Diesen Prozess kannst du beschleunigen, indem du deinen Ärger gehen lässt und dich der Situation öffnest.
Gelassenheit bringt dir inneren Frieden zurück und hilft bei der Annahme deiner Herausforderungen. Also atme entspannt, und lasse los.

HEILUNG

Alle meine Zellen,
mein Körper, meine Seele
und mein Geist sind
gesund und heil.

Energie-Impuls zu dieser Karte

Egal, welche Teile deiner Gefühlswelt oder deines Körpers sich gerade in Disharmonie befinden, wisse, dass in jedem Augenblick der Schlüssel zur Heilung in dir liegt. Du – und auch die Menschen in deinem Umfeld – hast dir gesundheitliche Herausforderungen auf der Seelenebene erschaffen, an denen du wachsen kannst. Du machst durch sie Erfahrungen, die dir wichtig sind. Übernimm Verantwortung für das, was dir gerade geschieht, und du wirst die Zusammenhänge erkennen. In dieser Erkenntnis steckt ein großes Geschenk! Denn wenn du selbstverantwortlich bist, kannst du selbst Veränderung herbeiführen.

Du erschaffst aus vielen unterschiedlichen Gründen Disharmonien in deinem Denken, deinem Fühlen und schlussendlich auch in deinem Körper – in Form von Unwohlsein und Krankheiten. All das geschieht immer nach dem Gesetz von Ursache und Wirkung. Verändere dein Denken und Empfinden (Ursache), und du wirst Heilung (Wirkung) erfahren.
Heilung kann immer dann geschehen, wenn du dir selbst erlaubst, dich nicht länger als schuldig, minderwertig oder ungeliebt zu erfahren. Verständnis, Wertschätzung und Liebe stehen dir immer zur Verfügung, wenn du dich dafür entscheidest. Die Quelle allen Seins verurteilt dich für nichts, was in deinem Leben geschieht, daher löse auch du dich davon. Lasse Liebe und Wertschätzung für dich selbst in deinem Innersten aufflammen. Lasse deine Herzensenergie jede einzelne Zelle deines Körpers und deines ganzen Seins fluten. Der Strom der Liebe spült die Disharmonien aus dir heraus und bringt pure Harmonie mit sich, die sich in dir wie ein Lauffeuer ausbreiten wird. Man nennt diese Energien auch Selbstheilungskräfte.
Heilung geschieht durch Liebe – durch sie wird das, was schmerzt und dich bisher blockiert hat, gehen.

HERZKRAFT

Ich vertraue der weisen
Kraft meines Herzens,
die mich liebevoll führt.

Energie-Impuls zu dieser Karte

Eine der mächtigsten Kräfte deines Lebens befindet sich in deinem Herzen: dein spirituelles Herz, das untrennbar mit deiner Seele verbunden ist, eine eigene Weisheit besitzt und dich, immer wenn du zuhörst, liebevoll leitet und führt.

Vielleicht hast du in letzter Zeit verlernt, genauer darauf zu hören, was dein Herz dir sagt? Wir wissen, dass es nicht immer einfach ist. Und doch ist es das, was du brauchst, um voll in deiner Kraft zu stehen: dein weises, liebendes Herz, das deine Gedanken, Gefühle und Handlungen steuert, damit du in dir selbst und auch in deiner Welt ein erfülltes Leben und Sein manifestieren kannst.

Dein spirituelles Herz, das dein physisches Herz umschließt und direkten Kontakt zur Quelle allen Seins hat, ist ein kraftvoller Sender und Empfänger von bedingungsloser Liebe. Die Energie, die sich dadurch verströmt, erschafft Wunder, wenn du es zulässt.

Mache dir keine Gedanken darüber, warum sich etwas einerseits in deinem Herzen so stimmig anfühlen und doch von deinem Verstand nicht wirklich nachvollzogen werden kann. Der Verstand sieht nur eindimensional, das Herz hingegen kann auf viele verschiedene Ebenen blicken, die für dein Leben wichtig sind.

Stimme dich täglich auf die Energie und die Weisheit deines Herzens ein, und bitte um Klarheit, Inspiration und Führung. Es interagiert auf verschiedene Weise mit dir. Finde mit der Weisheit deines Herzens deine ganz eigene Art, mit ihm zu kommunizieren. Es wird dich niemals fehlleiten oder im Stich lassen. Vertraue ihm, denn es sieht so viel mehr, als dir im Augenblick bewusst ist. Zu einem späteren Zeitpunkt wirst du die Wege, die es dir weist, richtig verstehen können. Bis dahin übe dich in Vertrauen.

INTUITION

Ich bin offen dafür,
die intuitiven Impulse
meiner Seele jederzeit
wahrzunehmen.

Energie-Impuls zu dieser Karte

Du wunderbarer Mensch bist dir noch zu oft nicht bewusst, welche eindrucksvollen Kräfte eigentlich in dir schlummern.

Suche deine Antworten nicht im Außen, suche sie nicht bei anderen Menschen, bei Institutionen oder Lehrerinnen und Lehrern. Du bekommst dort vielleicht wichtige Hinweise und Impulse, aber vergiss nicht, dass du ein Teil der Quelle allen Seins bist und jederzeit die Möglichkeit hast, das Wissen des Universums auch aus dir selbst heraus zu schöpfen. Die Bibliotheken des Bewusstseins stehen denen zur Verfügung, die danach fragen und sich diesem Wissen öffnen.

Durch deine Intuition bist du in der Lage, alles zu erfahren, was für dich gerade wichtig ist. Du erhältst intuitive Impulse in Form von inneren Gedanken, Bildern und Gefühlen. Lerne, ihnen wieder zu vertrauen. Wenn sie lange ungenutzt waren, braucht es vielleicht eine Weile, bist du offen genug bist, sie klar wahrzunehmen. Aber wisse: Es lohnt sich, deine Intuition erneut zu schulen, denn nichts ist eindeutiger und wichtiger für dich als die Antworten aus deinem eigenen Inneren.
Wenn es Dinge in deinem Leben gibt, auf die du schon länger eine Antwort suchst, sende deine Frage hinaus ins Universum. Bitte darum, dass dich das Wissen, wie du mit der aktuellen Situation umgehen kannst, erreichen mag. Zweifle nicht daran, dass du es wert bist oder dass du die Fähigkeit hast, die Antwort auch zu erhalten. Gehe davon aus, dass deine Frage beantwortet wird. Lasse los, und widme dich wieder anderen Dingen. Das Universum wird einen Weg finden, dir die Antwort zukommen zu lassen. Sei offen dafür! Und auch wenn der intuitive Impuls, den du erhältst, ungewöhnlich erscheint, folge ihm, und sieh, was sich daraus ergibt. Manche Dinge sind mit dem Verstand nicht greifbar, doch dein Herz und deine Intuition werden dich sicher leiten. Vertraue dir und deiner Seele!

JA

Ich sage JA zu mir, meinem einzigartigen Selbst und meinen Entscheidungen.

Energie-Impuls zu dieser Karte

Diese Karte ist ein klares Zeichen für dich, jetzt Ja zu sagen. Es gibt gerade jetzt Situationen in deinem Leben, in denen du aufgefordert bist, genau nachzuspüren, in welche Richtung du gehen möchtest – ob du dich für oder gegen etwas entscheiden solltest. Dieses Ja unterstützt dich in allen Belangen.

Es ist ein JA zu DIR SELBST, zu DEINER Weiterentwicklung, damit DU dich wohl- und sicher fühlen kannst. In einem klaren JA, das du aussendest, steckt eine große Kraft, die dir neue Türen öffnen und neue Erfahrungen bescheren kann.

Zögere nicht mehr länger, sondern nimm die Energie des Ja in dich auf. Sie trägt dich in die Lüfte und bringt die Dinge in Bewegung. Alles um dich herum darf und wird sich nach deinem Ja neu ordnen und ausrichten.
Deine Entscheidungen sind wie Energiewirbel, die in die Welt und ins Universum hinausströmen, um genau die Menschen und Erlebnisse zu dir zu führen, die zu deinem Ja passen. Darum ist es so wichtig, dass dieses Ja immer einen Bezug zu dir hat. Denn manchmal ist ein Ja zu dir ein Nein zu jemand anderem.
Verwechsle das Ja nicht damit, dass dir jemand im Außen eine Entscheidung abnimmt! Es geht darum, dass du als selbstverantwortliche Schöpferin, als selbstverantwortlicher Schöpfer deines Lebens in erster Linie Ja zu dir selbst sagst. Es ermächtigt dich und sollte aus deinem tiefsten Inneren kommen – wie ein Feuer, das sich seinen Weg bahnt und sich durch dein Herz hinaus in die Welt ausbreitet.
Wenn du JA zu dir selbst sagst, wird die Welt dir antworten – und zwar mit einem ebenso eindeutigen JA!

Jetzt

Ich lebe im Jetzt,
und ich erschaffe mir
meine Realität bewusst
jeden Tag von Neuem.

Energie-Impuls zu dieser Karte

Deine Vergangenheit liegt hinter dir, und deine Zukunft ist noch nicht geschrieben. Und doch lebst du immer wieder mit den Gedanken an das, was war und was sein könnte.

Vergisst du dabei nicht etwas? Was ist mit deinem JETZT? Wer bist du JETZT in diesem Augenblick? Wer möchtest du sein, und was möchtest du wirklich tun?

Es gibt nur einen Ort der Kraft, der für dich wichtig ist: dein Hier und JETZT!

Lasse die Bilder deines Lebens, die von dir bisher bemalten Leinwände, ruhen, und konzentriere dich auf eine frische und leere Leinwand. Nimm die Farben dei-

ner Seele, tauche den Pinsel ganz tief in die unendlichen Möglichkeiten, und male und erschaffe NEU!
Die Visionen und die damit verbundenen Gefühle, die du heute hast und denen du heute deine Aufmerksamkeit schenkst, werden dir dein Morgen bescheren, werden deine Zukunft schreiben. Du bist ein machtvoller Sender und Magnet. Alles, was du mit der Energie deines Seins hinaus ins Universum sendest, sucht sich ähnliche Energien, um gemeinsam mit den Geschenken deines Lebens zu dir zurückzukehren.
Besinne dich auf das Hier und Jetzt. Und wenn du Gedankenspiele wie »Was wäre, wenn…« spielen möchtest, dann fokussiere dich dabei auf deine höchsten Potenziale und Wünsche! Träume positiv, groß und mächtig! Lasse die kleinen, angstvollen Gedanken und Szenarien los. Sie lenken dich nur von deinem eigenen wunderbaren Sein ab, du brauchst sie nicht.
Und, wie sieht dein JETZT aus? Welche wunderbaren Gedanken dürfen heute durch deinen Geist strömen?

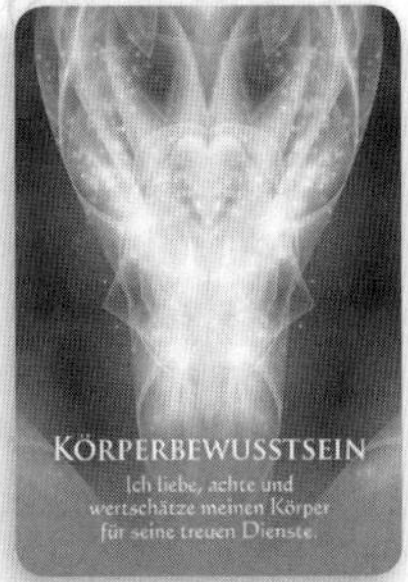

KÖRPER-BEWUSSTSEIN

Ich liebe, achte und wertschätze meinen Körper für seine treuen Dienste.

Energie-Impuls zu dieser Karte

Nimm einen beruhigenden, tiefen Atemzug …

Und dann noch einen...

Fühle, wie dein Körper die Energie des Lebens in sich aufnimmt, wie deine Zellen mit neuer Kraft erfüllt werden und mit dem Ausatmen alles abgeben, was du nicht mehr benötigst.

Dein Körper ist ein Wunderwerk! Liebe und wertschätze ihn, denn er dient dir in diesem Leben auf unbeschreibliche Weise. Durch ihn hast du die Möglichkeit, auf dieser Erde überhaupt zu existieren und all das zu erleben, was dir tagtäglich begegnet. Wie könntest du ohne ihn die Schönheit deiner Welt erblicken? Er gibt dir Hände, um einen geliebten Menschen oder ein Tier berühren zu können, um deine Liebe und Zärtlichkeit zu teilen. Er lässt dich die Speisen des Lebens kosten, in all ihrer Süße, Schärfe und in verschiedener Konsistenz und Form. Er lässt dich sowohl Freude als auch Schmerz in deinem Herzen fühlen. Er ist Ausdrucksmittel für deine Seele, die dir durch Wohl- oder Unwohlsein Botschaften übermittelt.

Achte auf deinen Körper, sei ihm dankbar für all seine unentbehrlichen Dienste. Kommuniziere mit ihm. Er besitzt ein eigenständiges Bewusstsein. Frage ihn, was er gerade braucht – er wird dir antworten!

Möchte er sich ausruhen? Oder sehnt er sich nach mehr Bewegung? Was könnte ihm/dir Spaß machen? Versorgst du ihn genügend mit Wasser, seinem Lebenselixier?

Gönne ihm Phasen der Entspannung, denn er muss zwischendurch auftanken. Gib ihm gesunde und nahrhafte Speisen, und zelebriere deine Mahlzeiten. Sei mitfühlend mit ihm, wenn es an manchen Tagen nicht so schnell oder perfekt geht, wie du es gewohnt bist. Schenke ihm – und somit dir selbst – Liebe und Zärtlichkeit. Er wird es dir mit Gesundheit und Wohlbefinden danken.

Lebensfreude

Ich öffne mich der Freude
und fühle, wie mein Leben
leichter und schöner wird.

Energie-Impuls zu dieser Karte

Wusstest du, dass Energien, die von tiefer Freude, ansteckendem Lachen und Humor hervorgerufen werden, eine überaus kraftvolle und heilende Wirkung haben? Sie sind ein wertvolles Geschenk des Universums!

Wir Drachen lieben es, zu lachen und uns der Heiterkeit vollkommen hinzugeben. Wenn du lachst, lösen sich Verkrustungen und Verhärtungen in deinem Körper und in deinen Gedanken und Gefühlen. Lachen ist purer Balsam für dich und deine Seele.

Wann hast du das letzte Mal von Herzen gelacht? Was gibt es, das deine Lebensfreude so richtig aktiviert? Sorge dafür, dass kein einziger Tag vergeht, an dem du nicht

wenigstens einmal herzlich gelacht, dir selbst Vergnügen bereitet oder deinen Fokus auf etwas gelenkt hast, was dich glücklich macht.
Gerade jetzt, wo du diese Karte in den Händen hältst, möchte sich diese Energie wieder vermehrt ihren Weg in dein Leben bahnen. Löse dich von zu viel Anstrengung, in welcher Situation auch immer.
Du hast die Macht in dir, dich dem Leben in Freude zuzuwenden. Nutze sie! Suche Möglichkeiten, die die positiven Momente in deinem Leben vermehren, aber mache sie nicht von etwas im Außen abhängig. Glaube nicht, dass du, wenn du mehr Geld, mehr Freizeit oder mehr Freunde hast, auch mehr Erfüllung empfindest. Begib dich aus der Situation, in der du gerade bist, heraus in die Fröhlichkeit. Wache auf, und blicke dich um: In welcher Art und Weise kannst du deine Lebensfreude jetzt aktivieren? Manchmal reicht dazu ein kleiner Perspektivenwechsel, manchmal die innere Entscheidung, sich von etwas zu lösen, was einem nicht guttut. Glaube uns, es gibt immer Momente der Heiterkeit, die darauf warten, von dir entdeckt zu werden. Es gibt immer Dinge, die dich zum Lachen bringen können. Erlaube dir, dich leicht zu fühlen, und spüre, wie wir Drachen dir gerade jetzt Freude in dein Herz pusten!

LEICHTIGKEIT

Ich entscheide mich jetzt dafür, dass mein Leben unbeschwert und leicht sein darf.

Energie-Impuls zu dieser Karte

Auch wenn du dir dessen nicht bewusst bist: Du bist zu jeder Zeit eine mächtige Schöpferin, ein mächtiger Schöpfer. Du selbst entscheidest, welchen Gedanken und Gefühlen du in deinem Leben Macht verleihst. Du hast in jedem Augenblick die Wahl, erinnere dich!

Es haben sich schwere, wütende und auch kummervolle Gedanken in dir breitgemacht, die dich im wahrsten Sinne des Wortes nach unten ziehen, wenn du ihnen weiter nachhängst und immer mehr von diesen belastenden Energien an dich bindest. Wie in einem Rucksack sammelt sich immer mehr von diesem Ballast, und du schleppst ihn durch dein Leben.

Wenn du das nicht möchtest, wenn du bereit bist, etwas zu ändern, dann sage jetzt innerlich STOPP! Fälle einen klaren Entschluss! Entscheide dich hier und jetzt für Leichtigkeit! Jeder Schöpfung geht eine Entscheidung, eine Wahl voraus, und diese trifft jeder Mensch selbst. Sogar seine Macht an andere abzugeben, ist eine Wahl. Daher: Gehe in deine Kraft, und wähle weise! Stecke alle alten beschwerenden Gedanken und Gefühle in den Rucksack, und dann lege ihn ab. Lasse ihn einfach liegen, lasse ihn hinter dir. Er wird zu Staub zerfallen, sobald er nicht mehr durch deine Energie gestärkt wird.
Und dann nimm einen tiefen Atemzug, und wende dich dem Licht zu. Öffne deine Augen, deine Gedanken und Gefühle für die Schönheit des Lebens. Atme Leichtigkeit, und überlege dir, in welchen Lebensbereichen du es dir selbst leichter machen kannst. Es gibt unzählige Möglichkeiten. Du darfst dafür auch auf die Hilfe anderer zurückgreifen. Sobald du damit anfängst, unbeschwerter durch dein Leben zu gehen, und beständig dabeibleibst, wirst du noch mehr Leichtigkeit spüren. Dann ziehst du Menschen und Situationen an, die es dir noch einfacher machen, die dich zum Lachen und zum Strahlen bringen, denn dafür bist du im Grunde hier. Beginne jetzt!

LIEBE

Liebe durchströmt mich,
Liebe ist überall in mir
und um mich herum.

Energie-Impuls zu dieser Karte

Bedingungslose Liebe ist der Stoff, aus dem das Universum, in dem du lebst, gemacht ist. Liebe ist eine pure Energie, die in allem Leben verankert ist und diesem erst seine Existenz ermöglicht. Liebe durchströmt alles und weitet sich aus, ohne zu bewerten oder etwas zu verlangen. LIEBE IST!

Die Energie, die wir Liebe nennen, ist die wahre Macht und Stärke des Seins, denn nichts ist so rein wie sie. An ihr perlen Hass, Wut, Neid und viele andere niedere Beweggründe einfach ab und – sie ist unzerstörbar.

Liebe ist überall dort, wo du mit deinem Herzen hinblickst. Was du auch glaubst, was dir gerade fehlt – die

Energie der Liebe wird es ausgleichen und erfüllen. Sie wird DICH erfüllen, bis du das Gefühl hast, vor Glück zu platzen. Dann ist der Moment gekommen, das »Zuviel« weiterzugeben und andere damit im wahrsten Sinne zu beglücken.

Spüre in dein Herz, und fühle die Flamme der Liebe darin lodern. Lasse sie wachsen. Fühlst du, wie es in dir kribbelt und pulsiert? Stelle dich in das Feuer der Liebe. Nimm wahr, wie es deinen ganzen Körper durchströmt, in jeden kleinsten Winkel fließt, wie es deine Zellen erfüllt mit Gesundheit, Harmonie und Glück!

Alle deine Gedanken und Gefühle werden ebenfalls von diesem Feuer angesteckt, und du fragst dich, wie du jemals anders als liebevoll von dir selbst denken konntest. Alles, was sich nicht gut anfühlt, wird vom Feuer der Liebe geschmolzen und fließt nun als flüssige Liebes-Lava-Kraft durch dich hindurch!

Öffne deine Arme, und sieh, wie du zu einem Leuchtfeuer der Liebe wirst! Jeder, der mit dir in Kontakt kommt, wird von diesem Feuer angesteckt. Und du selbst wirst zum Magnet für Liebe in jeglicher Form.

Genieße diesen Zustand, und lasse ihn immer wieder in dir auflodern. Für DICH und deine Welt!

MEISTERSELBST

Ich handle aus dem Bewusstsein meines inneren Meisters heraus.

Energie-Impuls zu dieser Karte

Herzlichen Glückwunsch!

Mit dem Ziehen dieser Karte erhältst du uneingeschränkten Zugang zu deinem Meisterselbst. Kleiner Scherz, denn den hattest du eigentlich ja schon immer …

Verzeihe uns diesen kleinen Spaß – wir lieben es einfach, zu lachen und das am besten laut! Manchmal ist Auflockerung wichtig.

Wisse: Du bist ein einzigartiges, starkes, liebenswertes und äußerst talentiertes Wesen! Dass du jederzeit Zugang zu deinem Meisterselbst hast, hast du nur vergessen – Gefühle der Ohnmacht und des Selbstzweifels sind verantwortlich dafür. Auch diejenigen von euch, die in ihrer Entwicklung schon einige Schritte weiter sind, können die Kraft, mit der ihr wunderbares Selbst zum Vorschein kommt, mit Sicherheit noch verstärken. Also, egal, was du gerade durchlebst, was dir im Alltag begegnet oder welche Entscheidungen du treffen musst: Frage dich, wie der MEISTER IN DIR sich verhalten würde. Sieh ihn als Ratgeber, Vertrauten und Lehrer! Sieh, wie er aus dir heraustritt, und stelle dir vor, wie er in der aktuellen Situation handeln würde. Manchmal lässt er seine Kraft walten und setzt längst fällige Grenzen. Ein anderes Mal wählt er vielleicht weise den Rückzug, um keine unnötige Angriffsfläche zu bieten, die nur zu unfruchtbaren Auseinandersetzungen führen würde.

Er ist immer für dich da, du kannst ihn niemals zu sehr in Anspruch nehmen. Gewöhne dir an, mit ihm zu arbeiten. Je mehr und je öfter, desto besser. Er ist souverän, liebend, stark und gerecht. Er leitet und lehrt dich. Eines Tages wirst du bemerken, dass ihr eins seid und du direkt aus deinem Meisterselbst heraus wirkst – dann wirst du in deiner ganzen Kraft und Macht stehen, und unsere Drachenherzen werden jubeln!

MUT

Ich habe den Mut,
voller Vertrauen meinem
Herzen und meinen
Visionen zu folgen.

Energie-Impuls zu dieser Karte

Du bist ein großartiges Wesen. Du bist ein talentierter und einzigartiger Mensch.

Wenn du dich mit unseren Augen, mit denen der Drachen und mit denen deiner wissenden Seele, sehen würdest, wärst du in keiner Minute deines Lebens mehr ängstlich oder unsicher.

Du bist hier, um zu lernen, wie wunderbar du bist und welche Möglichkeiten dir als Schöpferin, als Schöpfer deines Lebens wirklich zur Verfügung stehen.

Du hast unendlich viele Träume und Ideen, die aus deinem Herzen strömen. Es benötigt nur einen einzigen Schritt, um etwas zu ändern. Es ist ein kleiner, aber

bedeutender Schritt, der Mut erfordert, weil du noch nicht weißt, wohin er dich führen wird – zum Erfolg oder vielleicht doch in eine Sackgasse?
Was glaubst du, wo dein Wunsch geboren wurde? Wenn er tief aus deinem Herzen entsprungen ist, dann sei dir bewusst, dass er direkt aus deiner Seele stammt! Glaubst du, sie würde dich in die Irre führen? Nein – niemals!
Deine Seele möchte in Liebe und mit Freude erschaffen. Du bist der Ausdruck deiner Seele. Sie braucht dich, um all die bezaubernden Träume auf der Erde zu verwirklichen. Ohne dich geht es nicht, DU BIST ein Teil von IHR!
Daher blicke neugierig in dein Herz, und höre genau hin, was es dir zu sagen hat! Wenn es sich richtig anfühlt, dann nimm einen tiefen Atemzug, der dich mit so viel Mut anfüllt, wie du brauchst, um den ersten Schritt zu tun. Und dann gehe ihn! Mutig und neugierig! Deine Seele wird nicht zulassen, dass du fällst.
Sie wird dir Flügel verleihen – vertraue ihr – vertraue dir!

NEIN

Mein Nein zu anderen
ist ein Ja zu mir selbst.

Energie-Impuls zu dieser Karte

Du liebst deine Familie und deine Freunde. Du hast ein großes Verantwortungsbewusstsein, willst für die Personen, die dir wichtig sind, da sein und alle Aufgaben deines Lebens unter einen Hut bringen. Es allen Menschen in deinem Umfeld recht machen zu wollen, hat dich jedoch schon oft in Situationen gebracht, in denen du selbst zurückstecken musstest. Das ist ein schleichender Prozess, bei dem du deine Bedürfnisse unbewusst immer weiter vernachlässigst, bis du selbst gar nicht mehr richtig weißt, welche Bedürfnisse du überhaupt hast. Dein eigenes Sein gerät ins Abseits und wartet doch die ganze Zeit darauf, dass du es endlich wieder wahrnimmst.

Du kannst niemals in deiner ganzen Kraft sein, wenn du dich nicht um dich selbst kümmerst. Dabei spielt es keine Rolle, was andere für dich tun. Es kommt nur darauf an, was DU für DICH tun kannst.
Daher lerne, Nein zu sagen!
Denn dieses Nein ist ein klares JA zu dir selbst. Mit diesem NEIN setzt du kraftvoll eine Grenze, die sagt: Bis hierher und nicht weiter. Du hörst wieder darauf, was dein Herz dir sagt. Du bist dir selbst wichtig und weißt, dass du manchmal Nein sagen musst, um selbst wieder zu Kräften zu kommen.
Wenn du sehr lange Zeit immer nur JA gesagt hast, wird ein NEIN deine Mitmenschen vielleicht zuerst erschrecken und erstaunen, denn sie sind es nicht gewohnt von dir zu hören. Zeige ihnen, dass dieses NEIN jetzt auch zu dir gehört. Erkläre ihnen ruhig, warum du Nein sagst. Verdeutliche ihnen, dass es für dich wichtig ist, deine eigenen Kräfte wieder zu stärken und zur Ruhe zu kommen.
Wenn sie dich lieben und respektieren, werden sie es verstehen. Wenn sie es noch nicht verstehen, werden sie es lernen. Dein ICH möchte gehört, gesehen und geliebt werden – von DIR! Du entscheidest über dein Leben, niemand sonst.
Denn du bist es wert!

REINIGUNG

Ich reinige mich innerlich und lasse alte Gedanken, Gefühle und Energien jetzt los.

Energie-Impuls zu dieser Karte

Um in deine klare schöpferische Kraft zu gelangen, ist es wichtig, dich von Zeit zu Zeit von alten Energien, die sich in deinem Körper und in deinem Geist angesammelt haben, zu reinigen.

Diese Zeit ist JETZT!

Alte, überholte Energien verstopfen dein System und schmälern deine Kräfte. Das muss nicht sein!

Folgende Übung kann dir helfen, dich von ihnen zu befreien: Stelle dich unter die Dusche. Während das Wasser alle Anhaftungen von deinem Körper spült, stelle dir vor, dass auch die nicht mehr aktuellen Gedanken und Gefühle aus deinem System gespült werden. Ehe-

malige Ansichten deines Selbst dürfen jetzt gehen und Platz machen für das machtvolle Wesen in dir!
Du kannst dir auch in einer Meditation vorstellen, dass du unter einem erfrischenden Wasserfall stehst und all das, was nicht mehr zu dir gehört, nun weggespült wird und du durch das Wasser erfrischt und mit neuer Energie angefüllt wirst.
Vielleicht genügt das bereits. Ein anderes Mal wirst du möglicherweise spüren, dass eine tiefer greifende Reinigung vonnöten ist. Informiere dich über Alternativen, deinen Körper von innen zu reinigen. Schenke ihm viel frisches, klares Wasser, das ihm hilft, Altes aus deinem Körper zu transportieren.
Denke daran, dass Ordnung und Sauberkeit in deinem wohnlichen oder beruflichen Umfeld ebenfalls sehr wichtig sind. Belaste dich nicht mit zu vielen Dingen, die dein Energiesystem verstopfen. Räume auf, und spüre, wie du mit der Zeit immer besser durchatmen kannst und nun auch Platz für neue Energien in deinem Leben hast!

SCHÖPFERKRAFT

Ich erkenne meine Schöpferkraft und öffne mich wieder der Macht, die in mir wohnt.

Energie-Impuls zu dieser Karte

Du wundervolles Wesen, du machtvolle Schöpferin, du machtvoller Schöpfer deines Lebens, bist du dir der immensen Magie, die in dir schlummert, überhaupt bewusst?

Wir wissen, dass dies oftmals nicht der Fall ist. Euch Menschen wurde lange Zeit vermittelt, dass die euch innewohnende Kraft böse und anmaßend sei. Euch wurde eingeredet, dass ihr klein und unwissend seid und dass andere Kräfte und Mächte über euch gebieten.

Geliebtes Wesen, dies ist eine Lüge. Die Menschheit hat sich schon immer nur zu gern in die Abhängigkeit begeben, um sich nicht der eigenen Macht stellen zu müssen, die in ihren Herzen schlummert, weil es einfacher war, die Verantwortung abzugeben und so zu tun, als ob man dem Schicksal und den Göttern hilflos ausgeliefert sei. Doch lasse es uns noch einmal in aller Klarheit sagen: DU bist ein Teil der allumfassenden Quelle allen Seins. In dir ist die lichtvolle Flamme des Lebens enthalten, die nichts anderes als die Kraft der Schöpfung ist: Schöpferkraft! Es gibt niemanden – außer dir selbst –, der über dich richten wird. DU bist die Schöpferin, der Schöpfer in deinem Leben, und gemeinsam mit den anderen Seelen des Universums vollführt ihr einen grandiosen Tanz, ein Spiel, das euch an Erfahrungen und Erlebnissen reich werden lässt. Du erschaffst mit jedem Gedanken – und vor allem mit jedem Gefühl –, das du hinaus ins Universum und in die Welt sendest, dein Leben. Alles, was existiert, wurde zuvor erdacht und erfühlt. Ohne dies würde keine Schöpfung existieren! Betrachte dein Leben, und erkenne deine Schöpfungen. Sei ehrlich zu dir! Befreie dich von dem Gefühl, machtlos zu sein. Du trägst den Schlüssel in dir! Wir Drachen sind hier, um dich an die Schöpferkraft in deinem Inneren zu erinnern und dir zu sagen, dass du keine Angst davor haben musst, sie wieder bewusst anzuwenden. Tust du es in Liebe, wirst du wunderbare Ergebnisse erzielen.

SEGNUNG

Ich fühle mich vom Leben gesegnet und segne durch mein Sein ebenfalls die Welt.

Energie-Impuls zu dieser Karte

Es ist wichtig für dich, zu erkennen, dass dich die Kraft der Segnung jederzeit begleitet.

Alle Wesen des Universums – und somit auch DU – sind immerwährend vom Segen der Quelle allen Seins umhüllt. Ein Segen ist der Ausdruck höchster Liebesenergie, der dir all das zugesteht und zur Verfügung stellt, was du für ein glückliches Leben brauchst: Licht, Liebe, Gesundheit, Glück, Zufriedenheit, Erfüllung, Freundschaft und noch unendlich viel mehr.

Der Segen ist immer da, doch oftmals wird er nicht wahr- und vor allem nicht angenommen! Ein verschlossenes und verängstigtes Herz hat Schwierigkeiten, diese segensreichen Energien zuzulassen, weil es denkt, es sei all des Wunderbaren nicht wert. Doch der Segen wartet geduldig in deinem Energiefeld, bis du so weit bist, zu erkennen, dass er dir zusteht. Wenn du diese Karte ziehst, ist dies ein Impuls deines Segens, der dir vermittelt, dass er sich über dich ergießen möchte.

Öffne dein Herz und deine Sinne, und stelle dir vor, wie ein Strom höchster und liebevollster Energien in dich hineinfließt. Fühle, wie dein ganzes Sein davon erfüllt wird – jede Zelle, jeder Gedanke und jedes Gefühl wird davon berührt und verändert alles in dir hin zu mehr Harmonie, Gesundheit und Freude.

Wenn du angefüllt bist von diesen segensreichen Energien, bedanke dich dafür und erfreue dich an ihnen. Wisse, dass du dich jederzeit für sie öffnen kannst. Du musst nur bereit sein, sie anzunehmen.

Ebenso kannst du einen Überfluss an segensreichen Energien an andere verteilen. Du bist ein Teil der Schöpfung und darfst den Segen weitergeben! Ob an andere Menschen, Tiere, die Erde oder das ganze Universum. Lasse deine Liebe und deine lichtvollen Energien in dein Umfeld fließen. So wirst du dich ständig in einer Fülle an unterstützenden Energien befinden, die dich und alles in deinem Leben bereichert.

SELBSTACHTUNG

Ich liebe und achte mich
selbst und den Weg,
den ich gewählt habe.

Energie-Impuls zu dieser Karte

Immer wenn du dich selbst kritisierst, wenn du dich kleinmachst oder für das, was du bist, verurteilst, nimmst du dir etwas von der Kraft, die dein wunderbares Wesen ausmacht. Du kannst deine Ideen, Träume und Visionen nur verwirklichen, wenn du damit aufhörst – und zwar jetzt! Drachenenergie wirkt direkt, klar und ohne Umschweife.

Also: Wenn du es leid bist, dich so zu fühlen – höre auf, dich kleinzumachen! Sofort!

Lasse die Energie deiner unsterblichen und lichtvollen Seele in dir erwachen. Entzünde deine Seelenflamme, und entfache damit ein Feuer, das heiß und liebend

in dir lodert. Das einfach alles mitreißt und das zum Vorschein bringt, was du wirklich bist: ein machtvolles, schöpferisches Wesen voller Liebe, Kraft und Talent!
Sei stolz auf dich und auf alles, was du bereits erreicht hast. Ehre den Weg, den du bisher zurückgelegt hast. Ehre ihn dafür, dass er dir viele wertvolle Lernerfahrungen beschert hat, egal, wie sie ausgesehen haben. Denn DU hast sie dir SELBST erschaffen und dich damit beschenkt! Ehre deine Entscheidungen, die dich an diesen Punkt gebracht haben.
Jetzt, da du diese Zeilen liest und die Energien in dein Leben ziehst, beginnst du bereits, dich zu verändern – du bist stark und wundervoll. Sieh, wie wir uns vor dir verneigen, denn du bist mutig und großartig.
Liebe dich selbst, einfach so, wie du bist. Du hast allen Grund dazu – immer.

SELBST-BEWUSSTSEIN

Ich werde mir
immer bewusster,
wer ich wirklich bin.

Energie-Impuls zu dieser Karte

Genug der Ablenkungen von außen! Viel zu oft hast du durch die Verlockungen der Welt den Fokus verloren. Wir wissen, wie leicht und verführerisch es für dich ist, dich mit all diesen faszinierenden Dingen, die dir tagtäglich begegnen, zu befassen. Es gibt darunter in der Tat auch viele sinnvolle Beschäftigungen. Doch bei all den nebensächlichen Ablenkungen geht dein Bewusstsein verloren. Dein Selbstbewusstsein!

Diese Karte und ihre Energie fordern dich auf, dich vermehrt mit dir selbst zu beschäftigen! Nur wenn du deine Wünsche und Bedürfnisse, deine Talente und Eigenschaften kennst, kannst du dir deiner selbst wirklich und wahrhaftig bewusst werden.

Die Menschen verstecken sich oft vor sich selbst, weil sie Angst vor dem haben, was zum Vorschein kommen könnte. Die meisten von euch haben Angst vor ihrer eigenen Größe! Doch es ist Zeit, euch eurem Selbst zu stellen! Es ist Zeit für DICH, genauer hinzuschauen! Wer bist du wirklich? Was versteckst du noch vor dir und vor der Welt?

Nimm dir Zeit für dich selbst, um dich noch besser kennenzulernen. Verbinde dich mit deinem Herzen und mit deiner Seele, und höre, was sie dir zu sagen haben. Welche inneren Bilder erscheinen dir, wenn du die Augen schließt?

Begib dich immer wieder auf die Reise zu dir selbst, und erkenne nach und nach, welch wunderbares, göttliches Wesen du bist! Die Zeit, die du in dich investierst, ist unendlich kostbar – durch sie wirst du die Schätze deiner Seele erst richtig kennenlernen. Nimm dich in all deinen Facetten an, mit deinem Licht, und ja, auch mit deinen Schatten. Erst die Summe deiner einzigartigen Anteile machen dich zu dem, was du bist – ein unvorstellbar wundervolles und herrliches Schöpferwesen!

Wir lieben dich!

SELBSTVERANT-WORTUNG

Ich bin für alles in meinem Leben selbst verantwortlich und handle auch danach.

Energie-Impuls zu dieser Karte

Jedes Mal, wenn du dich weigerst, die Verantwortung für etwas in deinem Leben zu übernehmen, gibst du deine innersten Kräfte ab. Wusstest du das?

Egal, was dir gerade geschieht – wenn du einen äußeren Umstand, einen anderen Menschen oder vielleicht sogar Gott dafür verantwortlich machst, gibst du damit immer deine Macht ab! Du bist niemals Opfer – du bist immer eine Schöpferin, ein Schöpfer, IMMER!

Du bist sogar so mächtig, dass du deine eigene Macht bewusst abgeben kannst! Für uns, die Drachen, die eure wahre Schaffenskraft und Macht sehen können, ist es ein fast schon amüsantes Schauspiel, euch dabei zu beobachten, wenn ihr so tut, als wäret ihr kleine, ohnmächtige Menschen, die den Launen des Schicksals hilflos ausgeliefert sind.

Werde dir bewusst, dass du immer die Wahl hast. Du bist nach dem Abbild der schöpferischen Quelle – manche nennen sie Gott – erschaffen worden und dadurch ebenfalls schöpferisch, was dein eigenes Leben anbelangt. Daher bist du auch für alles in deinem Leben selbst verantwortlich. Übernimm diese Verantwortung, behalte deine Macht bei dir, und setze sie angemessen ein.

Wenn du die Verantwortung für dein Leben übernimmst, kommen die Antworten aus deinem erschaffenden Selbst, und dieses ist immer verbunden mit der Quelle allen Seins.

Natürlich ist es manchmal eine große Herausforderung, für ALLES in seinem Leben die Verantwortung zu übernehmen. Gleichzeitig birgt jede Erkenntnis darüber auch die Möglichkeit, dass du selbst Veränderung herbeiführen kannst. Erinnere dich daran, wenn du wieder einmal vor einer schwierigen Situation stehst.

Vertraue dir, dass du angemessen mit deiner Macht und Kraft umgehen wirst, und setze dich für das ein, was dir wichtig ist.

SELBSTWERT

Ich bin es mir wert, mir überall in meinem Leben das Beste zuzugestehen.

Energie-Impuls zu dieser Karte

Was bist du dir selbst wert?

Blicke dich in deinem Leben um: Bist du zufrieden mit dem, was du dort siehst? Liebst du dein Leben? Oder gibt es Möglichkeiten zur Verbesserung?

Je mehr du dich selbst wertschätzt, je höher dein Selbstwertgefühl ist, desto erfüllter ist dein Leben. Nur du bemisst deinen Wert, sonst niemand! Andere mögen dich und dein Selbstbewusstsein vielleicht herausfordern, indem sie so tun, als ob sie über deinen Wert bestimmen könnten, doch dem ist nicht so.

Nur deine eigenen Gefühle sind ausschlaggebend. Und nun sage uns, warum solltest du es dir selbst nicht wert

sein, dir nur das Beste aus allen Lebensbereichen zuzugestehen?
Meinst du, du wärst nicht schön, nicht schlau, nicht jung oder liebenswert genug? Mache dich nicht klein! Denn DAS ist absolut unangebracht. Stoppe diese Gedanken und Gefühle – sofort! Glaube uns, wenn wir dir sagen, dass du ein überaus wertvolles, geschätztes und geliebtes Wesen bist. Am Ende zählt, dass DU dir dessen bewusst bist und diese Wahrheit in deinem Herzen aufflammen lässt! Schüre das Feuer, erkenne dich selbst!
Wir fragen dich daher gern noch einmal: Was bist DU DIR wert?
Begib dich in deiner Vorstellung dorthin, wo aus Träumen Realität wird, und träume groß! Du bist die Gestalterin, der Schöpfer deines Lebens – erschaffe! Und zwar all das, was dich glücklich macht. Nichts anderes hast du verdient!

SPIELEN

Ich erlaube mir, wie ein Kind zu spielen und einfach nur Spaß zu haben.

Energie-Impuls zu dieser Karte

Kinder spielen völlig unbeschwert und können an den einfachsten Dingen den größten Spaß haben.

Leider wird dir diese Unbeschwertheit auf dem Weg ins Erwachsensein genommen, weil in der Erwachsenenwelt vor allem Leistung und Vorschriften zählen und für Spaß oftmals kein Platz bleibt. Du fühlst dich dann wie in einem engen Korsett, das dir die Luft zum Atmen nimmt. Doch das muss nicht sein. Denke daran, dass du jederzeit die freie Wahl hast, darüber zu bestimmen, was zu deinem Leben gehören darf und was nicht. DU entscheidest!

Dein Leben stellt dir eine riesengroße Spielwiese mit unendlich vielen Möglichkeiten zur Verfügung. Spüre

einmal tief in dich hinein: Sehnt sich dein Herz danach, zu spielen, sich auszuprobieren und pure Leichtigkeit zu leben?
Wann hast du verlernt, zu spielen? Wann hast du angefangen, dir den Spaß zu verwehren? Es ist wichtig, dass du in deinem Alltagsleben einen Ausgleich findest, der dich wieder mit deinem Inneren Kind verbindet. Es braucht die Freiheit, sich weiterhin ausdrücken und frei ausleben zu können. Gib seinem Drängen nach, und erlaube dir selbst wieder, zu spielen und dich wie ein Kind zu fühlen – unbeschwert, neugierig und offen für die Wunder des Lebens!
Im Spiel folgst du deinen Instinkten und lässt dich auf den natürlichen Fluss deines Lebens ein. Dein ganzes Wesen öffnet sich und befreit sich von der Schwere, die dich manchmal umgibt. Lasse dabei alles beiseite, was nicht der Freude dient.
Fühle dich wie ein Kind des Universums, das ganz genau spürt, dass es versorgt und geliebt ist. Gib dich ganz unbeschwert der Energie der Freude hin, wenn du dich dem Spiel öffnest. Dein irdisches Alter spielt dabei keine Rolle, alles darf sein, wenn DU Spaß daran hast!

Stille

Ich begebe mich bewusst
in die Stille meines Seins,
um zur wohltuenden
Ruhe zu kommen.

Energie-Impuls zu dieser Karte

Manchmal kann der Sturm, der in dir tobt, zu stark werden. Manchmal ist auch das, was von der Außenwelt auf dich einstürmt, einfach zu viel. Es sind Energien, die dich scheinbar aus dem Gleichgewicht bringen, dich hin- und herschleudern und verwirren.

Doch dir steht IN DIR ein Raum zur Verfügung, der alle fordernden Stimmen – ob von dir selbst oder von außen erzeugt – zum Schweigen bringen kann.

Es ist dein Raum der Stille.

Du kannst ihn jederzeit aufsuchen. Du findest ihn, indem du dich dazu entscheidest, keiner dieser verunsichernden, antreibenden oder verurteilenden Stimmen

mehr zu folgen. Sie alle haben kein Gewicht, denn sie entsprechen nicht deinem innersten Sein. Die Wahrheit deiner Seele sieht ganz anders aus. Liebevoll, sanft, beschützend, ruhend und ausgeglichen.
Ziehe dich zurück in deinen Raum der Stille – egal, wie sehr der Sturm um dich herum auch toben mag. Es ist nicht nötig, dass du dich davon beunruhigen lässt. Stehe still, atme, und besinne dich auf die Kraft deiner Seele. Atme diese Energie ganz tief in dich hinein. Fühle, wie sie sich in dir ausbreitet und sich mit ihr wohltuende Ruhe in dir breitmacht.
Bleibe so lange in deinem Raum der Stille, wie du es für richtig hältst. Du entscheidest selbst, welcher Zeitraum angemessen ist. Du kannst fühlen, wie lange es dir guttut, darin zu verweilen. Achte dabei auf die Stimme deines Herzens, und lasse die Stimmen, die von außen kommen, einfach an dir vorbeifließen. Mögen sie noch so laut und fordernd sein.
Wisse, dieser Raum ist keine Zufluchtsstätte, sondern ein Ort, der dir Energie, Ruhe und wieder einen klareren Blick auf das Gesamte gibt. Erhole dich in deinem Raum der Stille, und sammle dort Kraft, um danach souverän und gestärkt weiterzugehen.

TATKRAFT

Ich werde jetzt aktiv und bringe etwas Neues in meinem Leben in Gang.

Energie-Impuls zu dieser Karte

Es gibt Momente der Ruhe und des Rückzugs, Phasen, in denen etwas in dir wächst und sich formt und darauf wartet, in die Welt hinauszufließen. Und dann gibt es Momente, in denen es Zeit ist, aktiv zu werden und loszulegen.

Dieser Zeitpunkt ist jetzt gekommen! Es hat jetzt keinen Sinn mehr, zu zaudern, deine Talente zu verstecken oder deine Pläne für dich zu behalten. Wenn du zur Tat schreitest, lässt du deine innerste Kraft nach außen fließen. Du gibst einen Teil von dir, deine Schöpferkraft, damit sie sich verströmen und Neues erschaffen kann. Dies ist ein bedeutender und wunderschöner Akt.

Vertraue dir selbst, und folge dem Weg, der sich vor dir ebnet. Wenn du etwas in deinem Inneren erschaffen hast, dann ist der nächste Schritt, es auch zu manifestieren. Dazu werden sich dir Gelegenheiten bieten. Du wirst Menschen kennenlernen, die dir weiterhelfen. Türen werden sich öffnen. Sei aufgeschlossen für alles, was dir begegnet. Sieh dir aufmerksam an, welche Geschenke sich dir offenbaren, und nutze die Möglichkeiten, die sich dir auftun. Probiere dich aus, lerne, und sammele wertvolle Erfahrungen. All das ist jetzt angebracht. Lasse dich nicht von ungewohnten Situationen verunsichern. Mit jedem weiteren Schritt wirst du wissen, wohin die Reise gehen wird und welche Richtung sich für dich passend anfühlt.

Mache einfach einen Schritt nach dem anderen, denn die Zeit des Wartens ist jetzt vorbei. Du wirst es bereits in dir gefühlt haben – das innere GO. Dass du diese Karte gezogen hast, ist nur ein weiterer deutlicher Hinweis darauf, dass jetzt der richtige Moment ist, etwas in Bewegung zu setzen und aktiv zu werden. Achte darauf, den Impulsen aus deinem Herzen zu folgen, damit deine Schöpfung auf angemessene Weise zu voller Blüte gelangen kann.

TRANSFORMATION

Ich transformiere
alte Energien in mir
und verwandle sie in
kraftvolle Potenziale.

Energie-Impuls zu dieser Karte

Für die Entwicklung zu einem bewussten Schöpferwesen ist es notwendig, dass du alte Gedanken und Gefühle in dir prüfst und diejenigen, die dir nicht mehr dienlich sind, Schicht für Schicht ablegst. Diese alten Gedanken und Gefühle befinden sich dann oft trotzdem noch für eine Weile in deinem Energiesystem. Sie verstopfen dein Sein und sind Ballast, den du jedoch transformieren kannst.

Energie kann nicht zerstört, doch sie kann umgewandelt werden. Wir Drachen sind ein wunderbares Beispiel dafür: Wenn unsere Seelen unsere Körper verlassen, dann verfällt dieser nicht einfach, sondern wir transformieren die Energie des Physischen so lange, bis ein neuer Körper für eine andere Drachenseele daraus entsteht.

Genauso kannst auch du mit deinen alten Gedanken und Gefühlen umgehen: Begib dich an einen beliebigen inneren Kraftort. Bitte darum, dass die Violette Flamme der Transformation dich und dein ganzes Sein umhüllt und alle Energien, die dir nicht mehr entsprechen, in neue Potenziale umwandelt.

Du wirst spüren, wie das violette Feuer durch deinen ganzen Körper fließt. An manchen Stellen wird es länger verweilen, um die Erinnerungen und Gefühle, die an diesen Orten verhaftet sind, intensiver bearbeiten zu können. Fühle, wie du dadurch von Altlasten gereinigt und befreit wirst, die dich viel zu lange behindert haben. Bleibe so lange in der Flamme stehen, wie es sich für dich richtig anfühlt. Die Violette Flamme wird so lange bei dir bleiben, wie es momentan für dich angemessen ist.

Danach wird in dir eine lichte und strahlende Energie zurückbleiben, die dir für neue Schöpfungen, neue Visionen und Träume zur Verfügung steht – damit du leichter und kraftvoller voranschreiten kannst.

Unschuld

Ich bin ein reines und vollkommen unschuldiges Wesen des Universums.

Energie-Impuls zu dieser Karte

Es gibt etwas, dass deine innerste Kraft schmälert, und das sind Gefühle der Schuld, die sich in verschiedenster Form in dir angesammelt haben.

Werde dir bewusst, dass jegliche Schuldgefühle absolut unnötig sind. Du bist im Kern deines Seins ein absolut reines und vollkommen unschuldiges Wesen. Es gibt keine Schuld, die du auf dich geladen hast, es gibt nur Erfahrungen, die du mit anderen teilst.

Schuldgefühle wiegen schwer und legen sich wie Schatten auf deine Wünsche und Träume. Indem du das zulässt, behinderst du dich selbst darin, in dem Tempo voranzuschreiten, das angemessen für dich wäre.

Jedes Wesen, mit dem du interagierst, hat seinen persönlichen Erfahrungen auf der Seelenebene zugestimmt. Mit eurem Sein habt ihr euch gegenseitig geholfen, diese Erfahrungen zu erleben. Statt euch schuldig zu fühlen, solltet ihr Verständnis und Mitgefühl für die jeweils andere Seite aufbringen.

Befreie dich jetzt von deinen alten, unnützen Schuldgefühlen. Fühle in dich hinein: Wo sitzen sie? Wahrscheinlich kannst du sie in deinem Herzen und/oder in deinem Bauch fühlen. Lasse das liebende Feuer deiner Seele jetzt durch dich hindurchfließen. Lasse es diese alten und überholten Schuldenergien forttragen. Spüre, wie sie durch das Feuer, das du als äußerst angenehm empfinden wirst, zu etwas Neuem transformiert werden. Die dadurch freigesetzten Energien wandeln sich in eine unbändige Kraft, die jetzt durch dich hindurch pulsiert.

Diese Kraft hilft dir, befreit neue Wege zu gehen und all das in Angriff zu nehmen, woran dich deine Schuldgefühle bisher gehindert haben.

Es ist Zeit für diese innere Loslösung. Lasse sie zu!

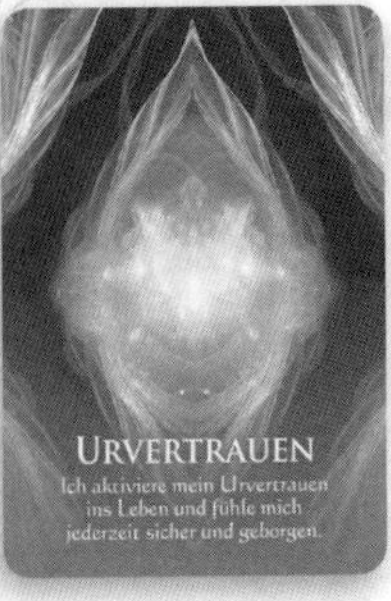

URVERTRAUEN

Ich aktiviere mein Urvertrauen ins Leben und fühle mich jederzeit sicher und geborgen.

Energie-Impuls zu dieser Karte

Innere Unsicherheiten, Gefühle der Leere oder Hilflosigkeit rühren nicht selten von einem fehlenden Urvertrauen her. Dies ist nichts anderes als ein bedingungsloses Vertrauen, das durch nichts erschüttert werden kann, weil du dich selbst als geliebten, untrennbaren Teil des großen Ganzen, der Quelle allen Seins, wahrnimmst.

Jetzt ist für dich die Zeit gekommen, wieder in dieses Urvertrauen hineinzufinden. Fühle in dein Herz hinein. Du trägst jederzeit die Flamme der großen Seele und Quelle allen Seins in dir. Spüre ganz tief in dich hinein, und begib dich auf die Suche nach dem Licht. Sei dir ge-

wiss, es ist da. Und wenn du es dann siehst und wahrnimmst, hauche ihm mit deiner Liebe weiteres Leben ein. Sieh, wie es immer größer wird und dich vollkommen erfüllt. Sieh, wie es sich ausdehnt und dich mit einer unglaublichen Liebe und Wärme umgibt. Spüre, wie damit auch das Vertrauen, dein Urvertrauen, zurückkehrt. Du fühlst dich in dieser Energie vollkommen geborgen, angenommen und geliebt. Es ist vergleichbar mit dem Gefühl, das du im Mutterleib hattest. Es fühlt sich weich, warm und richtig an.
In diesem Zustand kann dich nichts, was dir im Außen geschieht, aus deiner Mitte bringen. Du beobachtest zwar, was dort alles vor sich geht, bist dir im Innersten jedoch darüber bewusst, dass dir und deiner Seele nichts geschehen kann. Du bist absolut sicher.
Deine Zugehörigkeit zu allem, was ist, ist immerwährend und bedingungslos. Du kannst in Ruhe und in allen Facetten, die dir angemessen erscheinen, die Erfahrungen deines Lebens machen und bist trotz allem – und gerade deshalb – immer geliebt und in vollkommener Sicherheit.

VERÄNDERUNG

Ich bin bereit für Veränderung, denn dadurch wachse ich und erweitere mein Sein.

Energie-Impuls zu dieser Karte

Jeder Augenblick deines Lebens besitzt unendlich viel Potenzial, das darauf wartet, von dir entdeckt und genutzt zu werden.

Das Universum beschert dir einen grenzenlosen Reichtum an Erfahrungen und Möglichkeiten, die dir zur Verfügung stehen, damit du durch sie wächst und von ihnen lernst. Erinnere dich daran, dass das Feuer der Schöpfung in dir brennt. Du bist getragen von der göttlichen Flamme, die sich ausdehnen und erfahren möchte. Deshalb bist du hier!

Du bist nicht hier, um dich immerfort in dein Schneckenhaus zurückzuziehen! Deine Seele möchte sich ausprobieren und weiterentwickeln. Aus diesem Grund sind Veränderungen nichts, wovor du dich fürchten musst. Im Gegenteil: Sie sind Gelegenheiten, die sich dir offenbaren und dir neue Menschen und Situationen nahebringen, die dein Leben bereichern können. Erlaube dir, hinzusehen, und male dir in Gedanken aus, wie es sein könnte, wenn du diese neuen Potenziale auslebst.

Werde dir bewusst, dass jeglicher Wandel, der auf dich zukommt, nicht zufällig in dein Leben tritt. Er hat seine Daseinsberechtigung und dient immer deinem Wachstum. Auf deiner Seelenebene hast du diese Veränderung bereits willkommen geheißen und sogar selbst mit in die Wege geleitet. Du bist kein Spielball einer äußeren Macht oder eines ungerechten Schicksals.

Lasse die kommende Veränderung mutig und voller Neugier zu. Noch kannst du nicht das gesamte Bild sehen, das dahintersteht. Es wird sich dir erst mit der Zeit vollständig offenbaren, doch du wirst dann erkennen können, wozu genau dieser Umbruch notwendig war.

Nimm einen tiefen Atemzug, und heiße die Neuerung mit deinem ganzen Sein, mit deinem Herzen willkommen!

VERBUNDENHEIT

Ich spüre die Verbundenheit mit allem und fühle mich dadurch geliebt und beschützt.

Energie-Impuls zu dieser Karte

Als souveränes Schöpferwesen wandelst du auf dieser Erde, triffst deine eigenen Entscheidungen und machst für dich wichtige Erfahrungen. Trotzdem bist du zu keinem Zeitpunkt allein. Lasse das Gefühl des Alleinseins sich in das Bewusstsein des ALL-EINS-SEINS wandeln.

Alles, was du um dich herum wahrnehmen kannst – und sogar noch sehr viel mehr –, ist aus der Quelle allen Seins entsprungen. Euch alle eint die Seelenflamme in euren Herzen – auch wenn ihr euch unterschiedliche Verkörperungen ausgesucht habt. Die Erde, die Natur, die Tiere, die Menschen und die Wesen des Naturreiches, der Engelsphären oder anderer Dimen-

sionen, wie z. B. die der Drachen oder der Einhörner sowie viele andere Spezies, die dir derzeit nicht bekannt sind: Ihr alle seid EINE Familie!
Wenn es Momente gibt, in denen du dich einsam fühlst, nimm dir Zeit und spüre in dein Herz. Wenn du in die Flamme deines Herzens siehst, wirst du deine Familie darin erkennen können. Es liegt eine große Kraft darin, die Verbundenheit mit allem, was ist, wieder wahrzunehmen, denn du wirst dich in der Gemeinschaft immer geborgen, geliebt und sicher fühlen. Du weißt dann, dass du deine Erfahrungen und Erlebnisse teilen kannst, dass du Zuspruch bekommst und in Liebe gehüllt wirst, sobald du dein Inneres dafür öffnest.
Diese Zuwendung kann von anderen Menschen, Tieren, der Natur, deinen Engeln oder anderen lichtvollen Begleitern kommen. Du bist eingebettet in diese Gemeinschaft, und Gefühle des Alleinseins oder der Trennung sind reine Illusion.
Du bist ein untrennbarer Teil von uns. Fühle dich von unserer Energie umarmt.

Vergebung

Ich vergebe mir selbst,
ich vergebe anderen und
erfahre dadurch Frieden.

Energie-Impuls zu dieser Karte

Schuldgefühle und Vorwürfe sich selbst oder anderen gegenüber bringen immer Stillstand mit sich.
Du verbleibst dadurch in einem Zustand, der dich und andere bindet, der euch in ein strenges und hartes Korsett zwängt, aus dem heraus ihr nur vermindert handlungs- und empfindungsfähig seid. Du verwehrst dir und anderen Personen dadurch wichtige Entwicklungsschritte. Erst wenn ihr euch von diesen belastenden Gefühlen löst, wird es euch möglich, euch zu versöhnen oder zu einer Situation zu gelangen, in der jeder wieder frei seiner Wege gehen kann, ohne beschwerende Altlasten mit sich herumzutragen. Beides

ist angemessen und entspricht einer Schöpfung, die mit Freiheit verbunden ist.
Wenn es bei der Schuldzuweisung um dich selbst geht, wenn es etwas ist, mit dem du dich selbst belastest, dann ist der Akt der Vergebung ein Wendepunkt, der dich aus deinem selbsterschaffenen Gefängnis befreien kann.
Erkenne, dass du, wie auch andere, immer nach bestem Wissen und Gewissen handelst. Egal, was geschehen ist, es geschah immer, um euch reich an Erfahrungen werden zu lassen. Durch diese Situationen lernt ihr Menschen und entwickelt euch weiter. Jeder, auch du, hat auf der Seelenebene diesen Erfahrungen zugestimmt. Auch wenn diese manchmal sehr intensiv sein können, im Kern deines Wesens nimmst du niemals Schaden.
Daher lasse deine Schuldgefühle und deine Verbitterung los. Übergib sie dem Feuer deines Herzens, löse auch deine inneren Fesseln mit diesem Feuer, und befreie dich. Vergib dir und allen Beteiligten. Erinnere dich daran, dass das alles von dir selbst erschaffen wurde und du es jederzeit wieder verändern kannst.
Erlöse und befreie dich – jetzt!

Vision

Ich habe eine absolut erfüllende Vision von meinem Leben und erschaffe diese jetzt.

Energie-Impuls zu dieser Karte

Du bist JETZT eingeladen, eine wunderbare, großartige und erfüllende Vision deines Lebens zu erschaffen! Was erträumst du dir für dein Leben? Wie würde es aussehen, wenn du in deiner Vorstellung davon ganz frei wärst? Sieh, wie vor dir eine Leinwand erscheint, auf der der Film vom Leben deiner Träume gezeigt wird! Wie siehst du in diesem Film aus? Wie und wo lebst du? Schaue ganz genau hin. Der Film ist immerwährend und kann sich ständig verändern, er muss nicht gleich bleiben, denn du bist nicht nur der Hauptdarsteller darin – DU schreibst das Drehbuch! Welche Menschen spielen darin mit? Wie interagiert ihr miteinander? Welche Orte

besuchst du? Was lernst du alles? Welche verrückten Dinge probierst du aus?
Schöpfe aus dem Vollen, und gib dich ganz hin. Fühle mit dir selbst mit, wenn sich aufregende, romantische oder lustige Momente auf der Leinwand abspielen. Liebe dein Selbst in diesem Film, der im Grunde nichts anderes ist, als der Beginn DEINER Schöpfungen.
Du wirst deine Vision nicht an einem Tag umsetzen können. Betrachte dir den Film deines Lebens daher immer wieder, und fühle dich in das hinein, was dir jetzt noch erstrebenswert erscheint. Wechsle Orte – und wenn dir danach ist, auch Darsteller – aus. Spiele unterschiedliche Szenarien durch, bis sie sich in deinem Herzen richtig anfühlen. Und dann setze deine Visionen um.
Bleibe nicht nur Zuschauer. Du wirst bemerken, dass du die Leinwand mit dem Film deines Lebens in der Realität betreten kannst! Tu dies – regelmäßig! Wechsle immer wieder aus der Perspektive des Betrachters in die Rolle des Akteurs. Schlüpfe hinein in deinen von dir geschaffenen Charakter, und erlebe die wunderbarste Vision deines Selbst.
FÜHLE UND ERLEBE DEINE VISION! Und sieh, wie dein reales Leben sich nach und nach verändert …

YANG

Ich ehre und entwickle jetzt verstärkt die männlichen Kräfte und Bedürfnisse in mir.

Energie-Impuls zu dieser Karte

Egal, ob Mann oder Frau, sei dir bewusst, dass in dir immer beide Energien – die des männlichen YANG und des weiblichen YIN – vorhanden sind und im Gleichgewicht gehalten werden möchten. Erst gemeinsam bilden sie die Einheit, auch TAO genannt.

Wenn du diese Karte ziehst, ist es momentan für dich wichtig, den Energien des YANG, deinen männlichen Kräften und Bedürfnissen, mehr Ausdruck zu verleihen.

In der Energie des YANG wirst du aktiv und bleibst mit deinen Gedanken und Ideen nicht weiter im Hintergrund. Alles in dir drängt danach, dein ganzes Sein dem

Licht zuzuwenden, das deine Ideen nährt und dich motiviert, dich beständig weiterzuentwickeln.
Das Feuer in dir möchte nicht länger zurückgehalten werden, es will sich zeigen und ausbreiten. Bringe das, was bisher in deinem Innersten gewachsen ist, JETZT nach außen. Die Zeit ist reif!
Wenn du dich schon lange mit einer Idee, einem Projekt oder einem neuen Anteil in dir beschäftigst, dann ist jetzt die perfekte Zeit, darüber zu reden, sie nach außen zu tragen und zu präsentieren. Zeige dich und das, was du mit anderen teilen möchtest – die Welt wartet auf dich!
Es gibt in dir diesen männlichen Anteil, der aktiv mitspielen und nicht nur abwarten und zuschauen will. Er möchte nicht mehr übersehen werden, er will sein Wissen, sein Talent und seine Kraft einbringen.
Lasse diese Kraft nach außen strömen, lasse dich mitreißen von ihrer Energie, und staune über die Ergebnisse, die daraus entstehen werden.

YIN

Ich achte jetzt verstärkt auf meine weiblichen Kräfte und Bedürfnisse.

Energie-Impuls zu dieser Karte

Egal, ob Frau oder Mann, in dir als Wesen des Universums schlummern immer beide Kräfte – die des weiblichen YIN und die des männlichen YANG –, die gemeinsam die Einheit des TAO bilden.

Wenn du diese Karte ziehst, ist es für dich im Augenblick wichtig, den Energien des YIN, deinen weiblichen Kräften und Bedürfnissen, etwas mehr Aufmerksamkeit zu schenken. Manchmal gerätst du im Alltag in ein Ungleichgewicht. Doch um gesund zu bleiben, achte darauf, beide Anteile in Balance zu halten. Im Moment geht es darum, in die weiblichen Energien abzutauchen. Die Energien des YIN sind unter anderem die des

Empfangens, der Passivität. Es geht darum, sich Entspannung und vielleicht mehr Schlaf zu gönnen.
Erlaube dir, weniger aktiv zu sein. Atme durch, und komme zur Ruhe. Vielleicht magst du eine beruhigende Meditation durchführen oder du schaust, was dich in diesem Moment zu dir zurückführen könnte.
Es ist jetzt wichtig, dass du eine empfangende und keine gebende Haltung einnimmst. Nimm all das Gute im Leben an. Gestehe dir zu, dich dem Fluss des Lebens einmal vertrauensvoll hinzugeben. Hast du dies über einen längeren Zeitpunkt nicht getan, wird es dir etwas schwerer fallen, doch genau dann ist es umso notwendiger. Fange einfach an. Auch kleine Schritte sind Fortschritte, die dir guttun werden.
Kümmere dich um dich, sei sanft zu dir, und gestatte auch anderen, vertrauenswürdigen Menschen in deinem Umfeld, sich um dich zu kümmern. Bitte sie darum, und sage ihnen, was du gerade jetzt brauchst. Vielleicht hilft dir eine Umarmung oder eine andere liebevolle Zärtlichkeit beim Auftanken. Vielleicht ist es Hilfe bei alltäglichen Aufgaben oder einfach ein Raum des Rückzugs, den sie dir gewähren.
Probiere es aus, und nimm die Geschenke des Lebens dankbar an.

Danksagung

Ich bin zutiefst dankbar dafür, dass ich dieses wunderbare Kartenset in Wort und Bild in diese Welt bringen durfte. Es war ein großes Vergnügen für mich, daran zu arbeiten.
Es braucht trotz allem viele Mitgestalter auf Erden und auch aus den lichtvollen Bereichen des Seins, damit ein solches Werk in die Hände vieler Menschen geraten kann. Ich danke daher zuallererst meinen Verlegern Heidi und Markus Schirner von ganzem Herzen für ihr Vertrauen, das sie immer wieder in mich und mein Wirken legen, und die Möglichkeit, meine intuitiven Impulse auf diese Art verwirklichen und veröffentlichen zu können. Ich bin sehr dankbar für die inspirierende Zusammenarbeit mit meinen Lektorinnen Elke Truckses und Kerstin Noack-Zakel und allen anderen Mitarbeitern des Schirner Verlags. Ich weiß, dass viele Helfer an dem Erfolg einer solchen Schöpfung beteiligt sind!

Ich danke meinem Mann Matthias, meiner Familie und meinen Freunden für all die Liebe, die ich durch sie immer wieder erfahre und ohne die es nicht möglich wäre, all das überhaupt zu erschaffen.

Ein ganz besonderer Dank geht diesmal auch an den einzigartigen Komponisten Thomas Bergersen, den ich wahrlich verehre. Zu Beginn meiner Arbeit an diesem Kartenset wurde ich intuitiv zu ihm geführt. Mit seiner grandiosen Musik hat er es mir ermöglicht, jedes Mal sofort in die Energien des Drachenbewusstseins einzutauchen. Seine magischen Kompositionen haben einen großen Anteil daran, dass ich die Energien unserer Drachenfreunde so klar und direkt wahrnehmen konnte! DANKE!

Und natürlich gilt mein Dank vor allem auch unseren Freunden aus dem Drachenbewusstsein. Meinem alten Freund und Drachenbegleiter DraMagan und all den anderen kraftvollen Gefährten, deren Botschaften und Energien hier zu finden sind. Ich wünsche mir sehr, dass die Energien, die ich beim Erschaffen dieses Kartensets empfunden habe, die Herzen vieler Menschen berühren und die Erinnerung in ihnen wachruft, welche wahren Kräfte noch in ihnen schlummern.

Über die Künstlerin und Autorin

Gaby Shayana Hoffmann wirkt seit 2002 als spirituelle und intuitive Künstlerin und Autorin. Mit ihren energiereichen und zauberhaften Kunstwerken, die unter dem Namen »Dolphins Dream-Design« bekannt und beliebt sind, berührt und begeistert sie viele Menschen auf der ganzen Welt.

Ihre lichtvollen Energiebilder sowie deren Botschaften sind herzöffnend und berühren tief in der Seele.
Mit ihren Kunstwerken, Kartensets und Büchern inspiriert sie die Menschen zu einem glücklichen und befreiten Leben und erinnert sie in vielen unterschiedlichen Facetten daran, wie wunderbar, einzigartig und von Liebe und Wundern umgeben jedes Wesen ist. Die Kunstwerke der Drachenkraft-Energien, persönliche Energiebilder, viele weitere ihrer Schöpfungen und den Kontakt zu ihr, findest du unter:

www.dolphins-dreamdesign.de

Mit der Kraft des ICH BIN die innere Wahrheit leben

Schirner Verlag

Gaby Shayana Hoffmann
ICH BIN Licht und Liebe
Erinnere dich an dein wahres Selbst

Set mit Buch und 44 Karten
ISBN 978-3-8434-9167-9

ICH BIN frei. ICH BIN mutig. ICH BIN wertvoll.

Das ICH BIN lenkt viele Bereiche unseres Lebens. Es ist ein wahrhaft kraftvoller Ausdruck, der fokussierend wirkt und unsere Schöpferkraft weckt. Mit den 44 bejahenden ICH-BIN-Affirmationen dieses Kartensets können wir uns als das Wunder, das wir selbst sind, neu entdecken, die Wahrheit unseres Herzens leben und unser inneres Licht und unsere Liebe entfalten. Multidimensionale Energiebilder machen all die wundervollen Facetten unseres Seins sofort sicht- und spürbar. So erinnert uns jede Karte daran, dass wir geliebte, lichtvolle, einzigartige Wesen sind.

Willkommen in der Fülle

Schirner Verlag

Gaby Shayana Hoffmann
Die Schatzkammer deiner Seele
Empfange pure Energie und Liebe

Set mit Buch und 44 Karten
ISBN 978-3-8434-9126-6

Wonach sehnen wir uns gerade besonders?

Brauchen wir einen kräftigen Energieschub für anstehende Aufgaben oder eine große Portion Mut? Manchmal möchten wir uns auch einfach nur vertrauensvoll in die Geborgenheit des Seins kuscheln, etwas Trost und Verständnis erfahren und tiefen Frieden finden. Die unendlich liebenden Energien des Universums bieten uns all dies. Und das Beste ist: Sie sind bereits in uns! Jede Karte dieses Kartensets schenkt uns eine klare Botschaft unserer Seele, mit der wir unsere schöpferische Kraft im täglichen Leben nutzen können. Die farbenfrohen, multidimensionalen Energiebilder lassen uns die Liebe und die Gaben unserer Seele spüren und führen uns zu Leichtigkeit und purem Glück.

Gaby Shayana Hoffmann

DRACHENKRAFT ENERGIEN

Machtvolle Botschaften aus der Drachendimension

Begleitbuch zu den 50 Karten

Schirner Verlag

ISBN 978-3-8434-9215-7

Gaby Shayana Hoffmann
Drachenkraft-Energien
Machtvolle Botschaften aus der Drachendimension

Neuausgabe 2023 – 1. Auflage August 2023

Box, Karten & Begleitbuch: Anna Twele, Schirner, unter Verwendung von #259711097 (© AKV), www.shutterstock.com, und Illustrationen von Gaby Shayana Hoffmann
Illustrationen: © Gaby Shayana Hoffmann, www.dolphins-dreamdesign.de
Lektorat: Elke Truckses & Kerstin Noack-Zakel, Schirner
Printed & bound by: Ren Medien GmbH, Germany

www.schirner.com

Inhalt